Bien, gracias.
¿Y usted?

Bien, gracias. ¿Y usted?

Lumen

Papel certificado por el Forest Stewardship Council®

MIXTO
Papel procedente de
fuentes responsables
FSC® C117695

Penguin
Random House
Grupo Editorial

Primera edición con este formato: marzo de 2023

© 1976, sucesores de Joaquín Salvador Lavado Tejón (QUINO)
© 1985, 2023, Penguin Random House Grupo Editorial, S. A. U.
Travessera de Gràcia, 47-49. 08021 Barcelona

Printed in Spain – Impreso en España

ISBN: 978-84-264-2563-8
Depósito legal: B-2941-2023

Impreso en Gómez Aparicio, S. A.
(Casarrubuelos, Madrid)

H 4 2 5 6 3 8

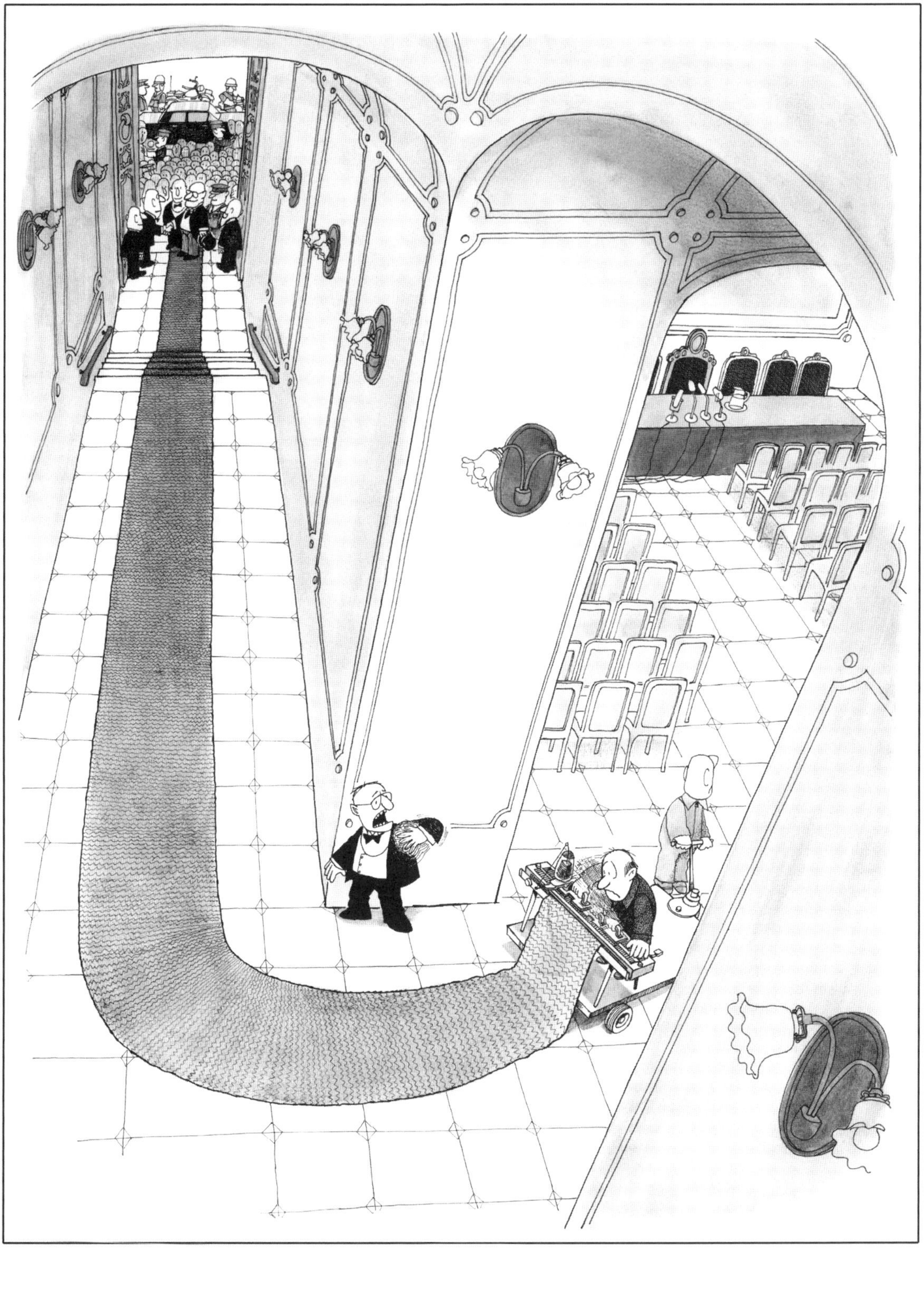

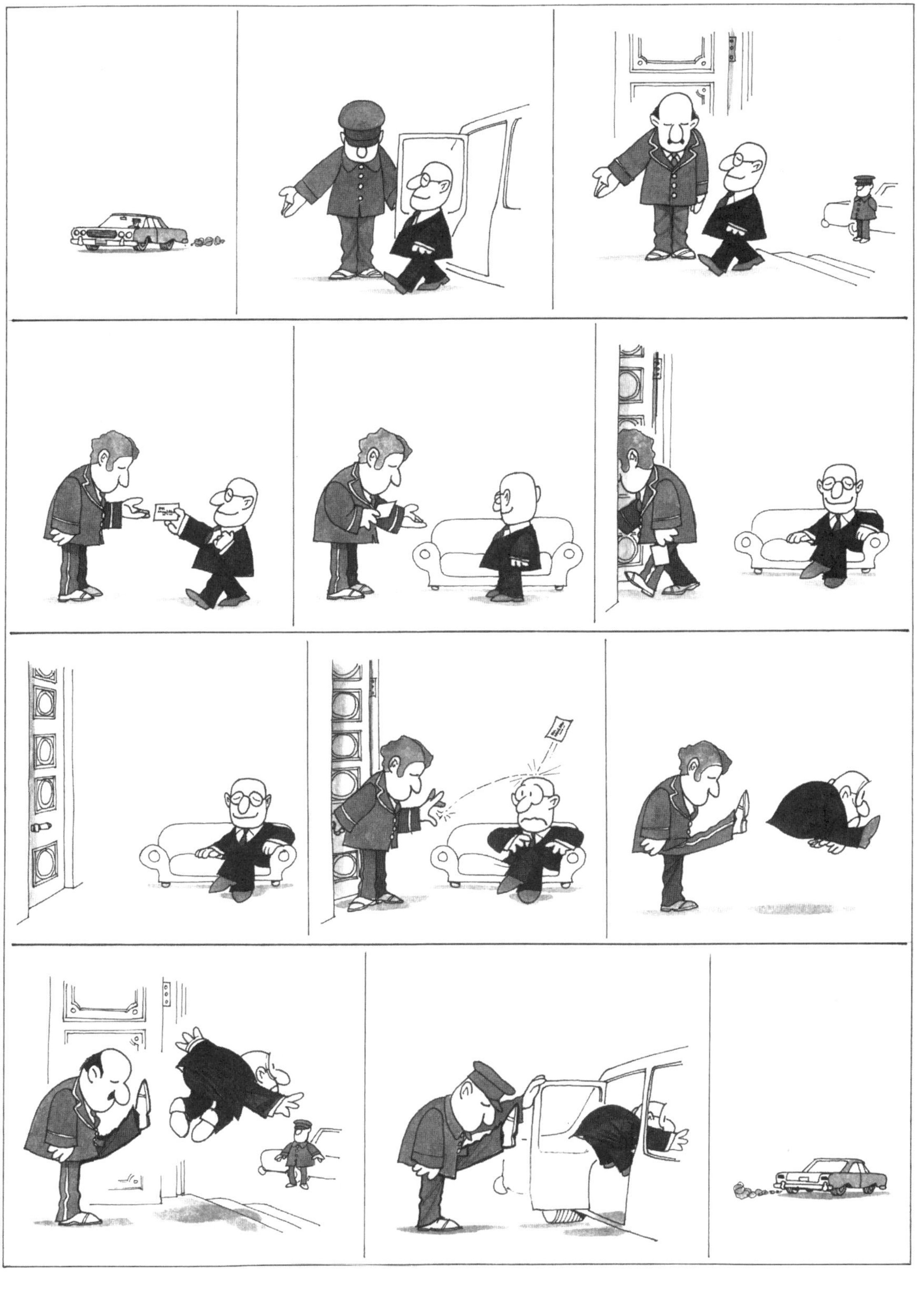

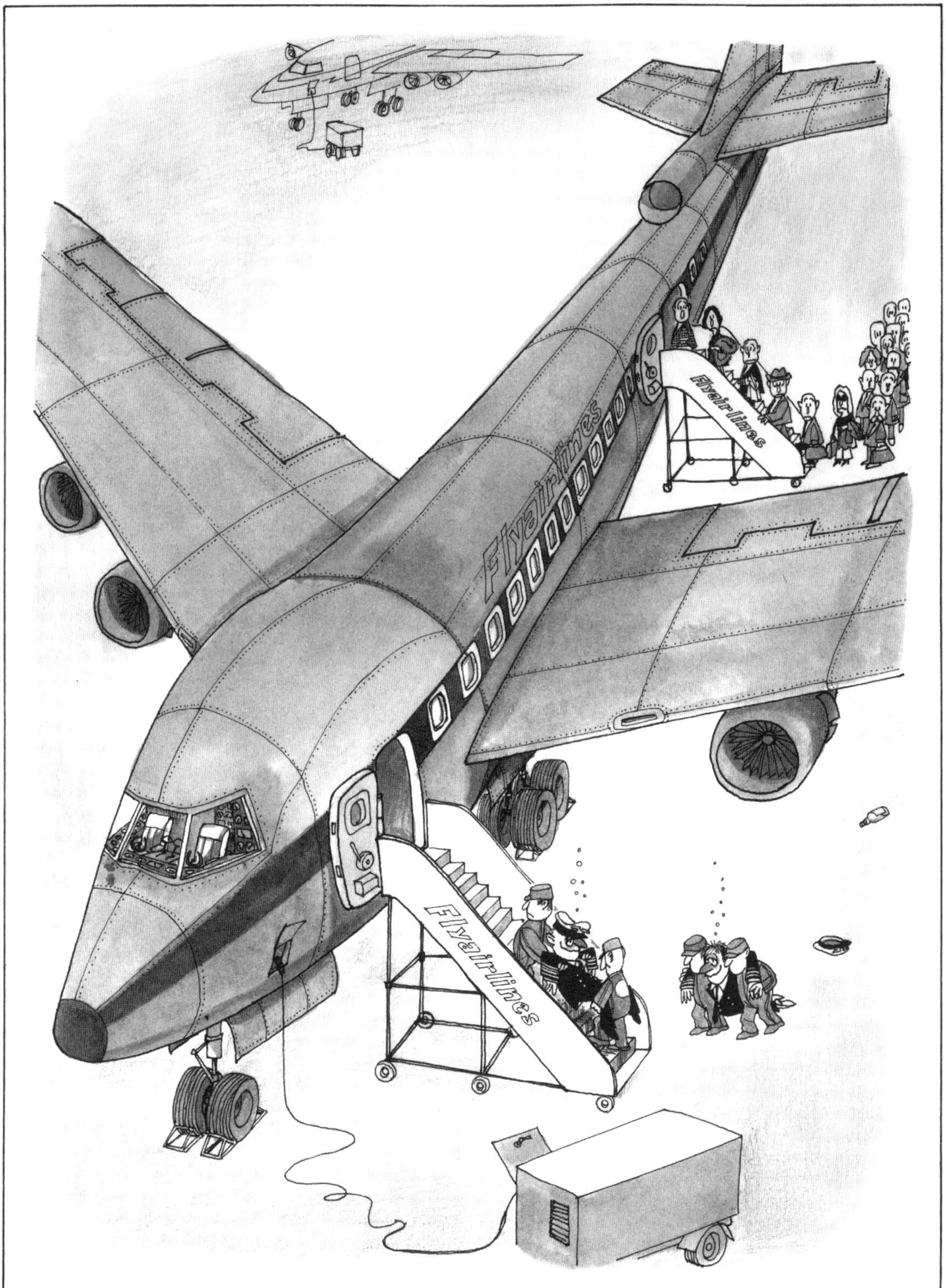
Flyairlines
Flyairlines
Flyairlines

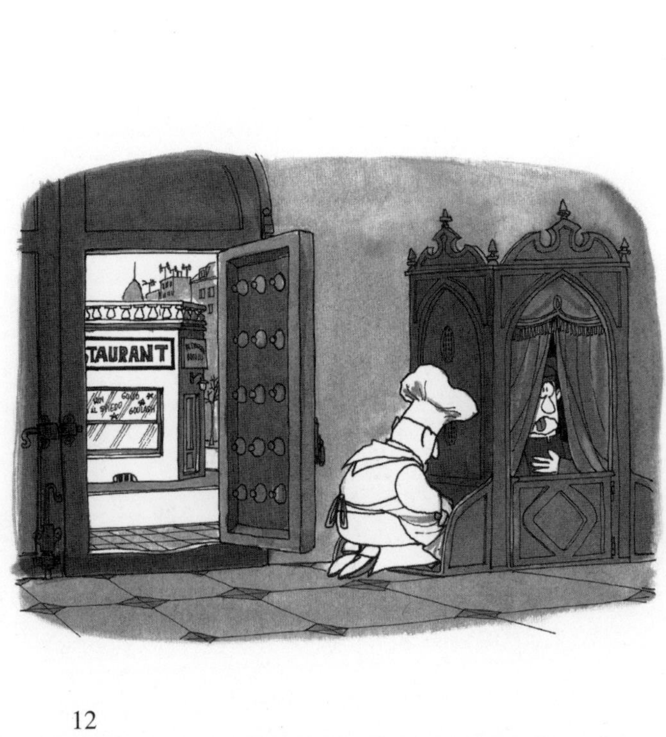
STAURANT

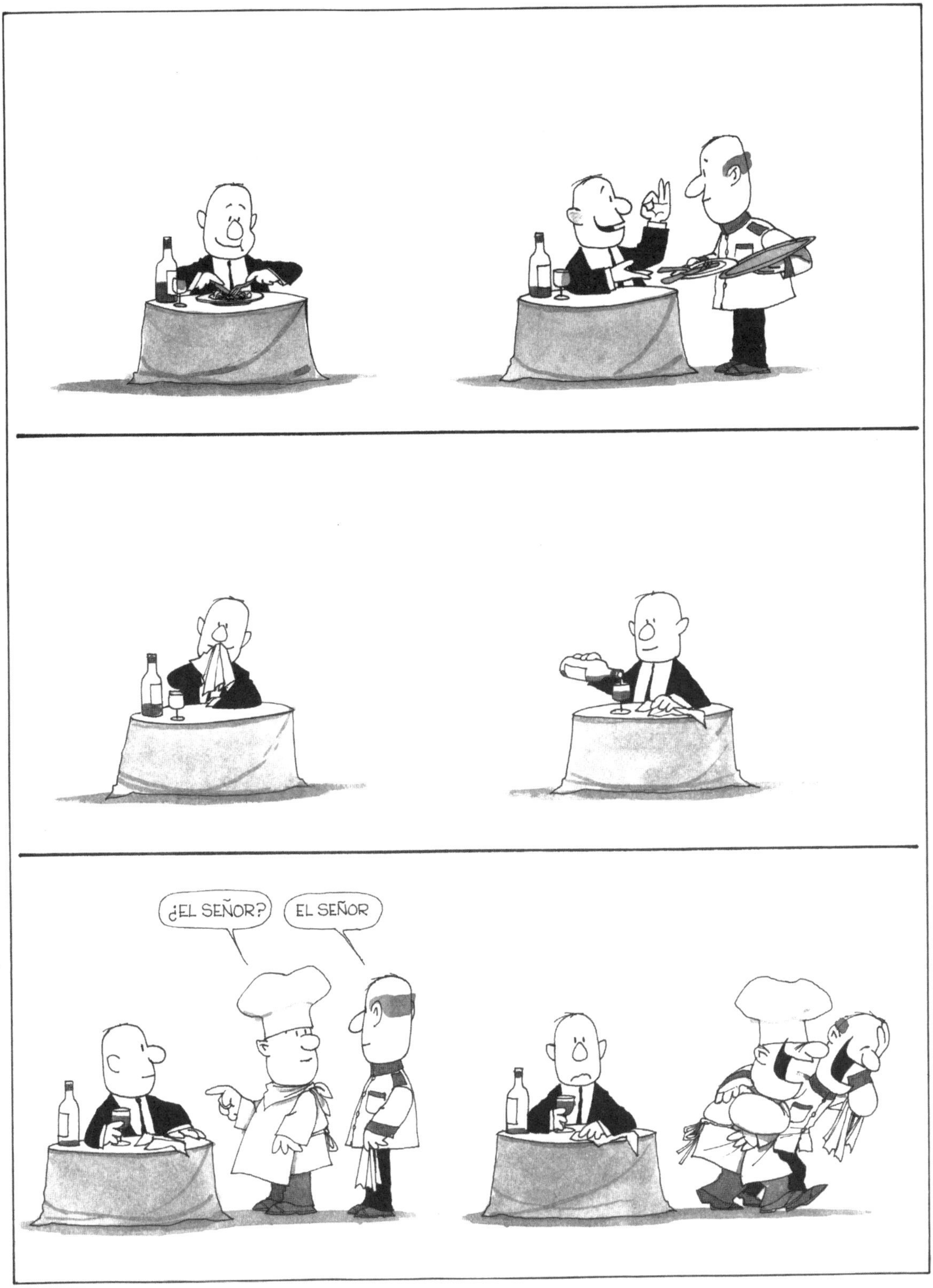
¿EL SEÑOR?
EL SEÑOR

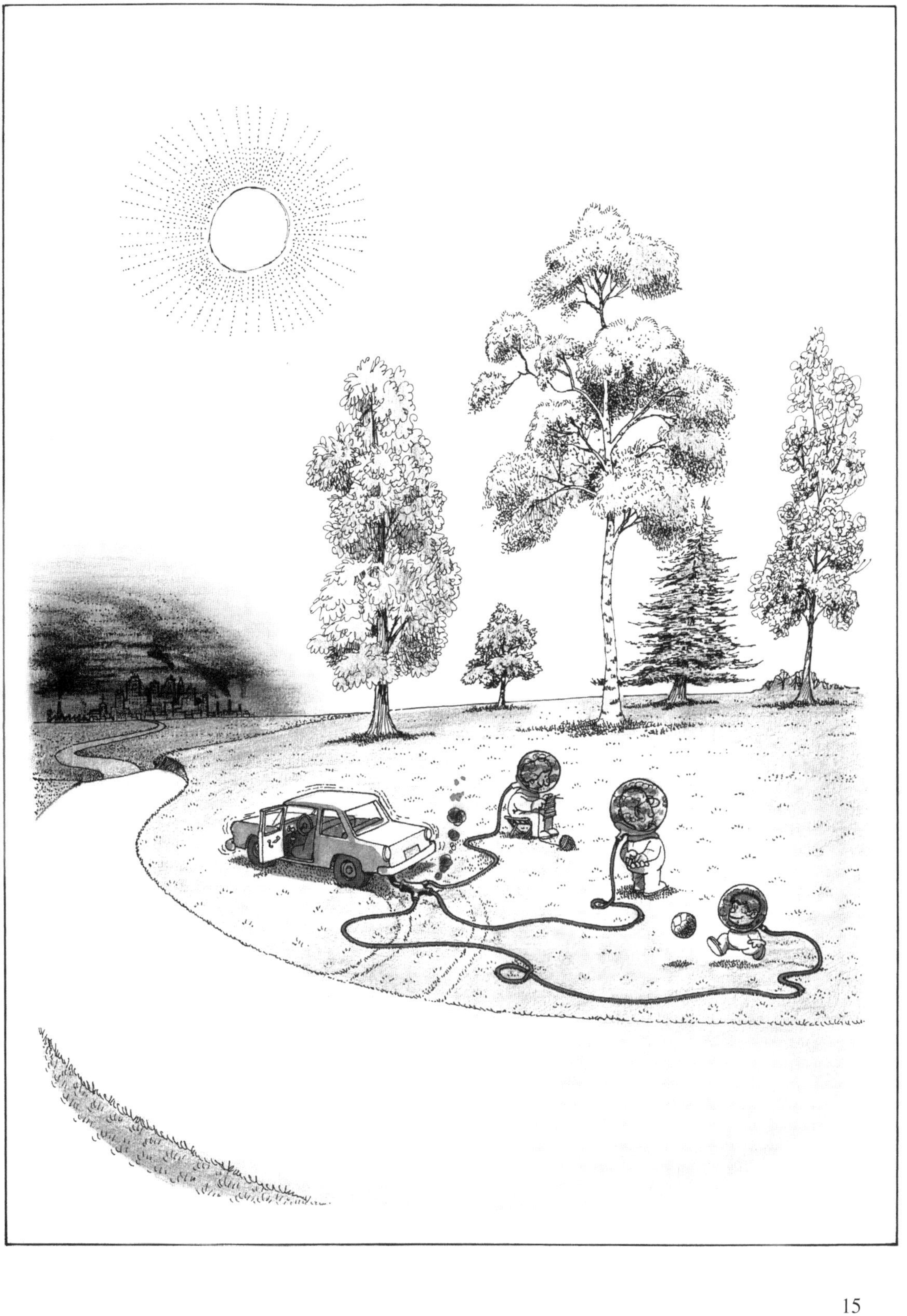

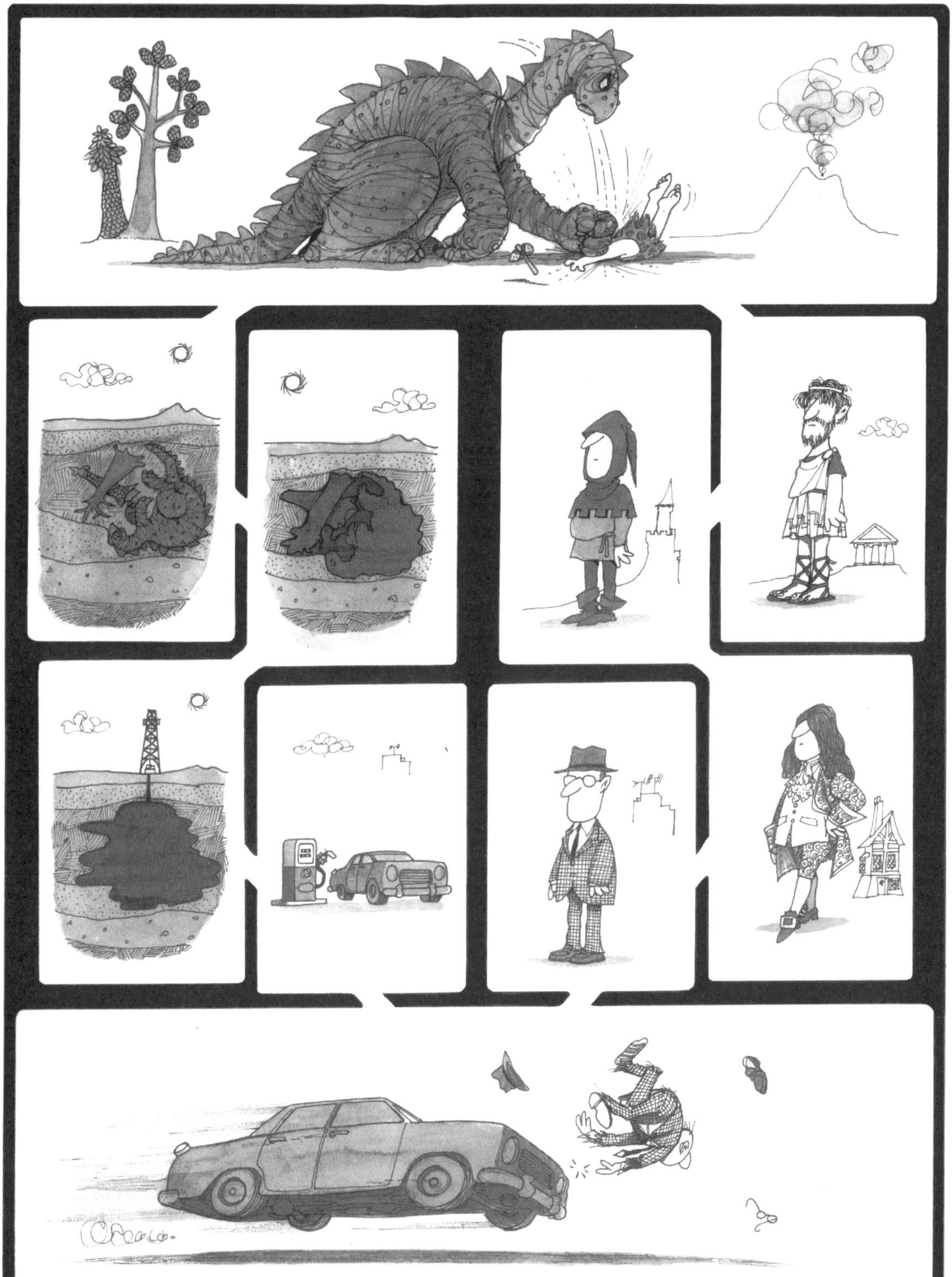

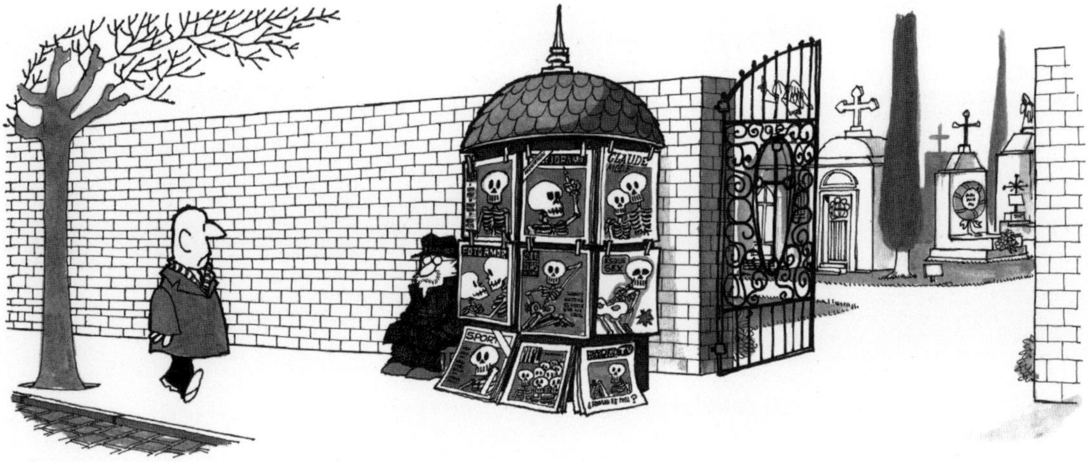
CLAUDE
FOTO AMOR
SEX
SPORT

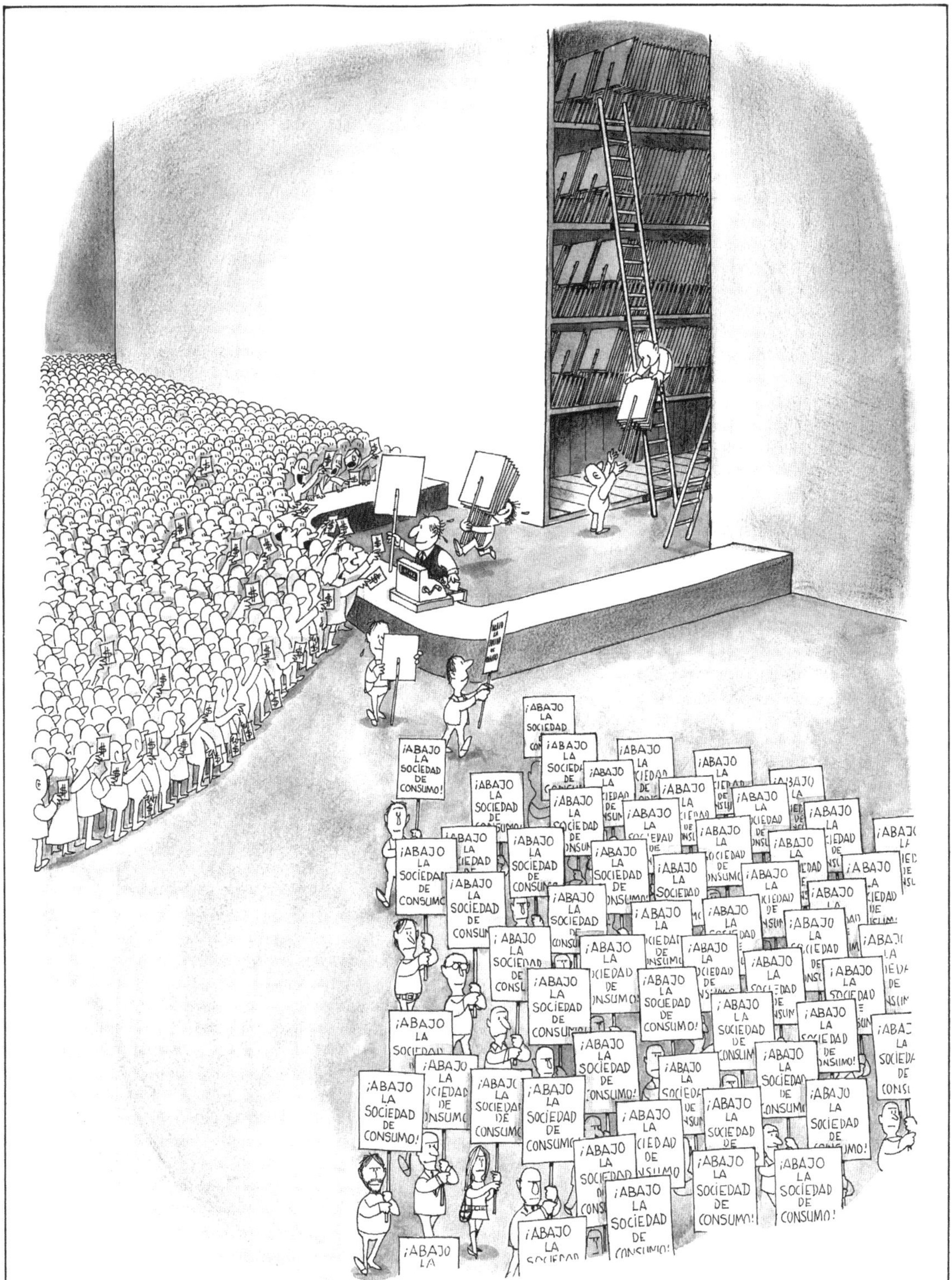
¡ABAJO LA SOCIEDAD DE CONSUMO!

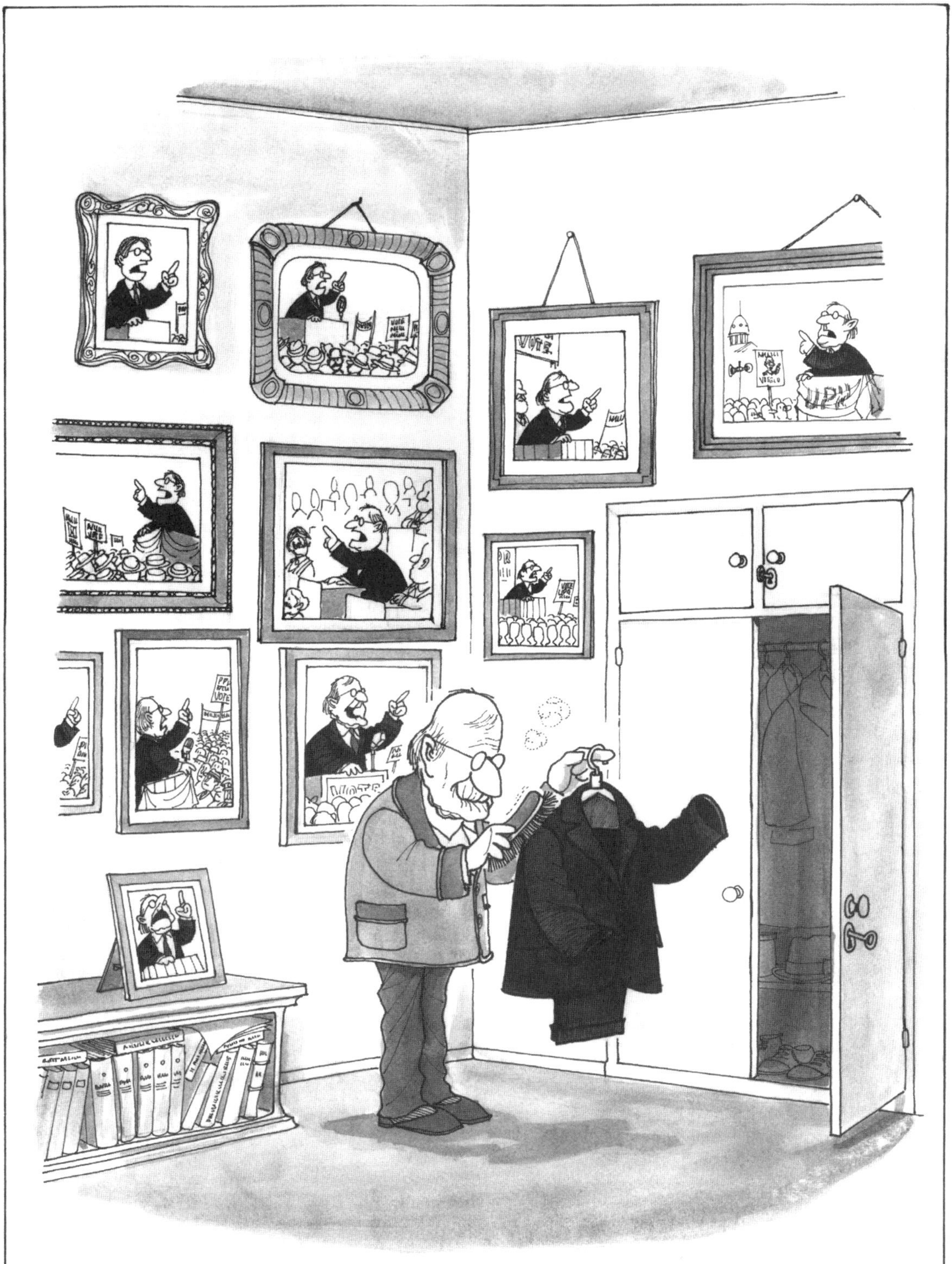
VOTE.

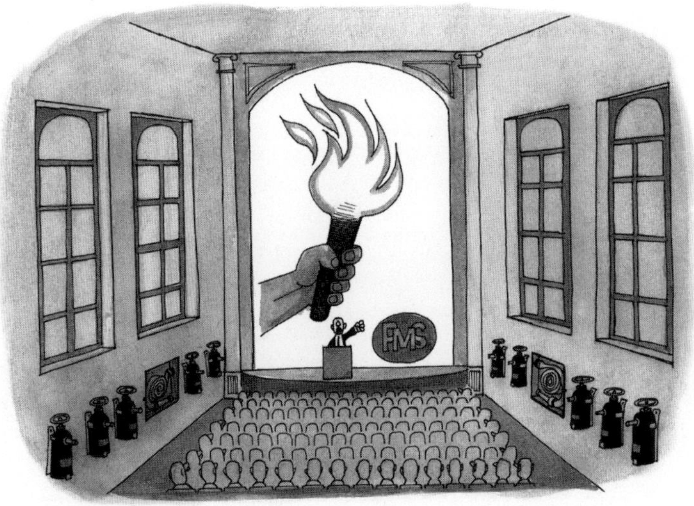
FMS

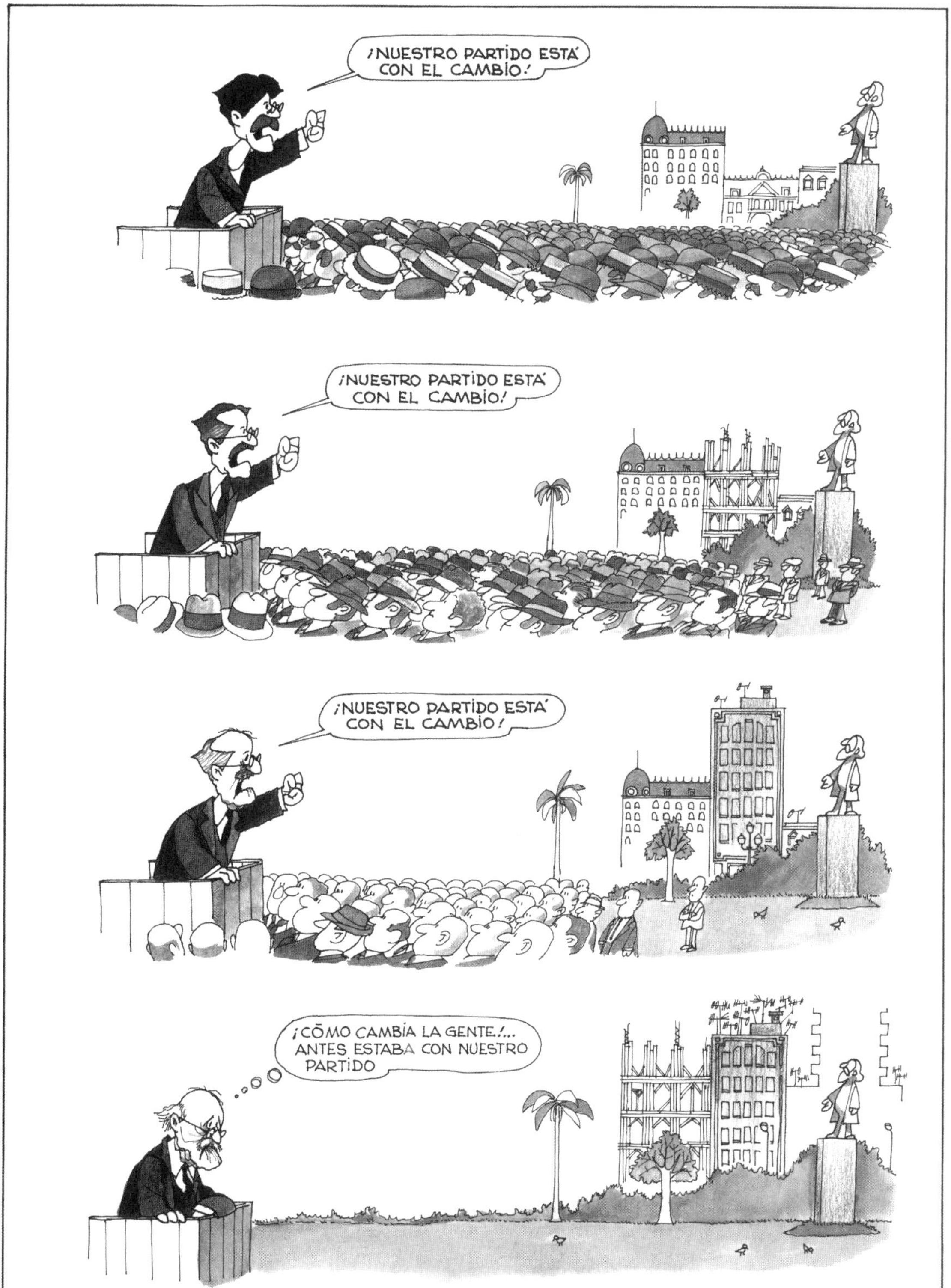
¡NUESTRO PARTIDO ESTÁ CON EL CAMBIO!
¡NUESTRO PARTIDO ESTÁ CON EL CAMBIO!
¡NUESTRO PARTIDO ESTÁ CON EL CAMBIO!
¡CÓMO CAMBIA LA GENTE!... ANTES ESTABA CON NUESTRO PARTIDO

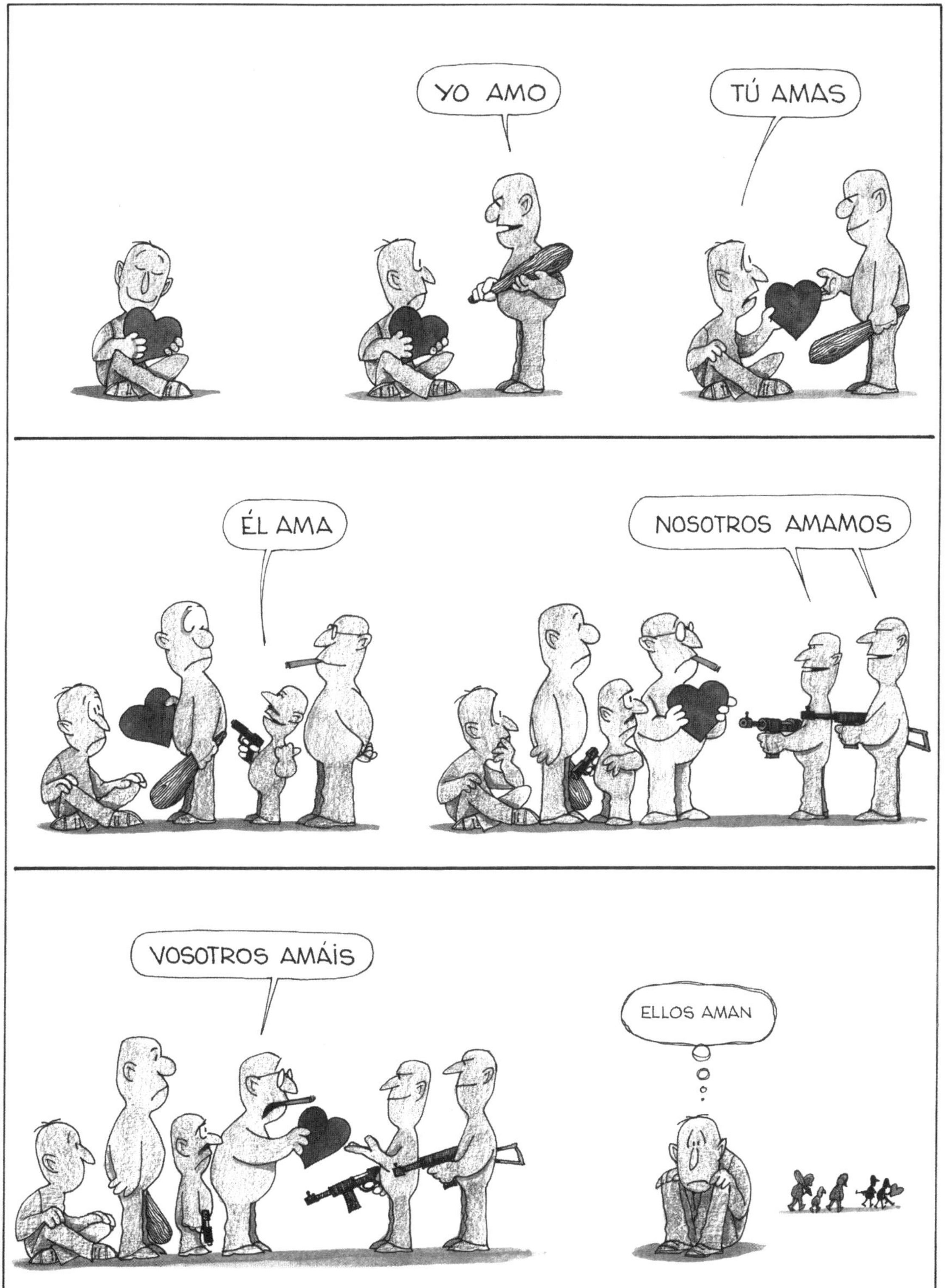
YO AMO
TÚ AMAS
ÉL AMA
NOSOTROS AMAMOS
VOSOTROS AMÁIS
ELLOS AMAN

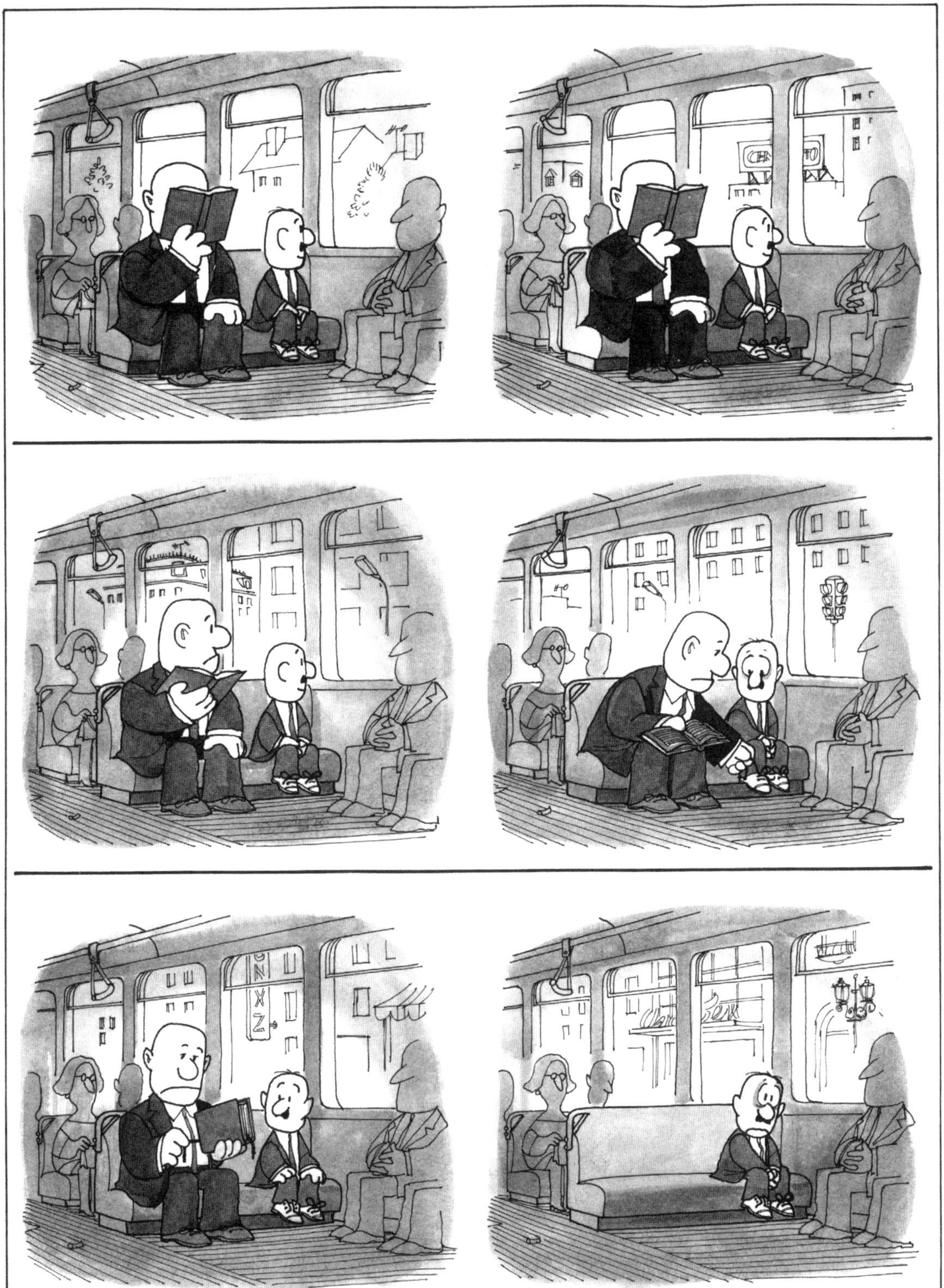

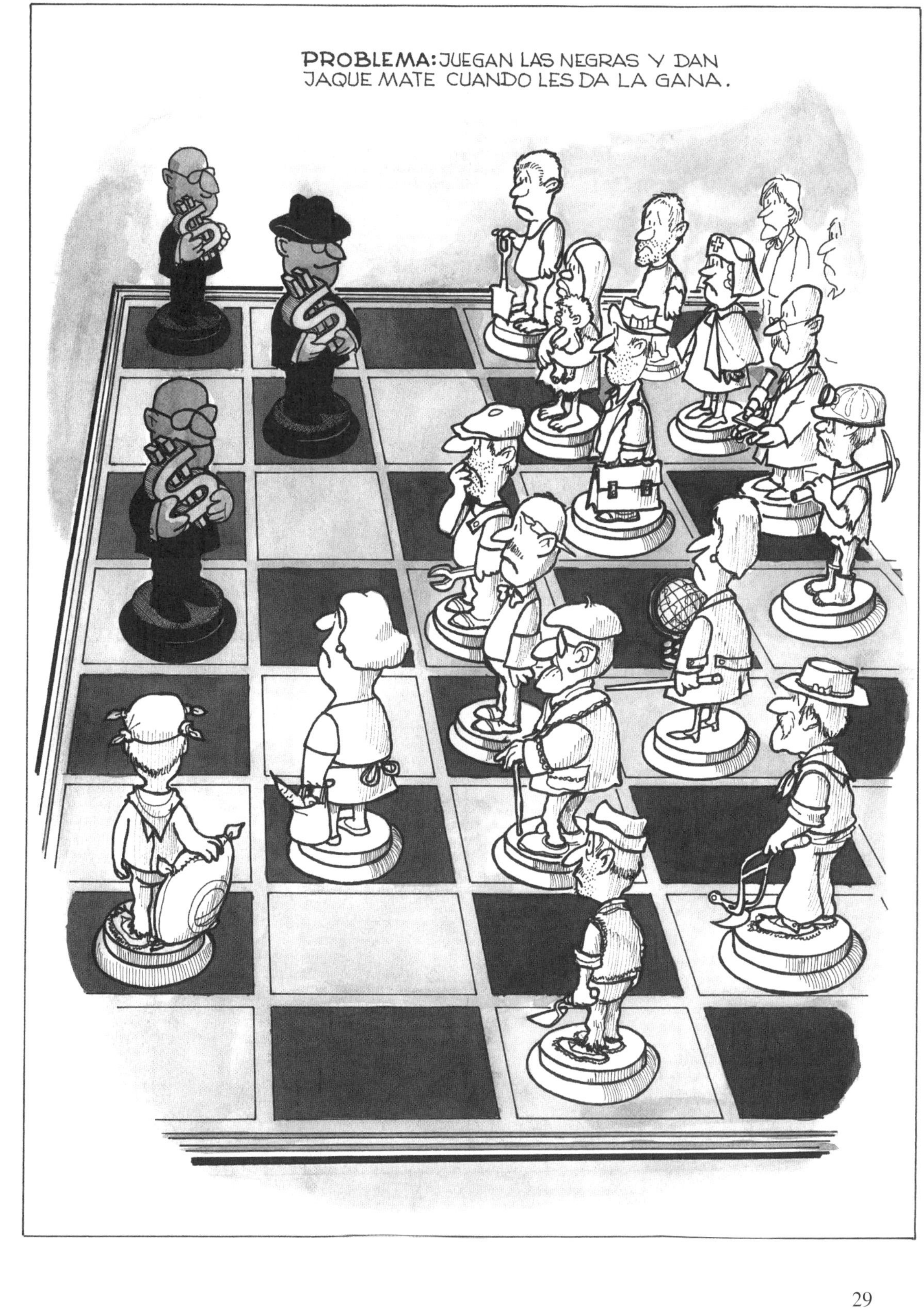
PROBLEMA: JUEGAN LAS NEGRAS Y DAN
JAQUE MATE CUANDO LES DA LA GANA.

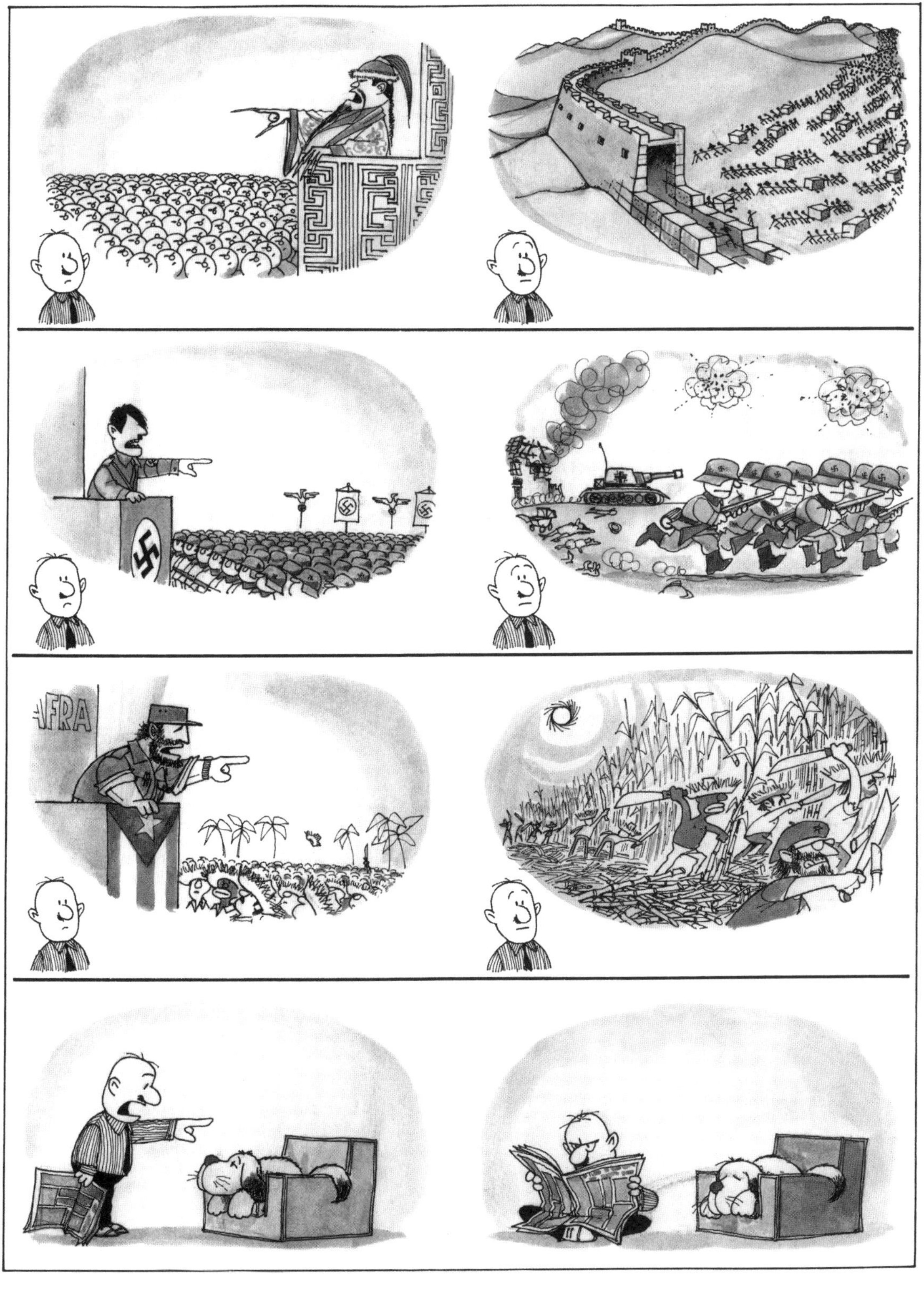
AFRA

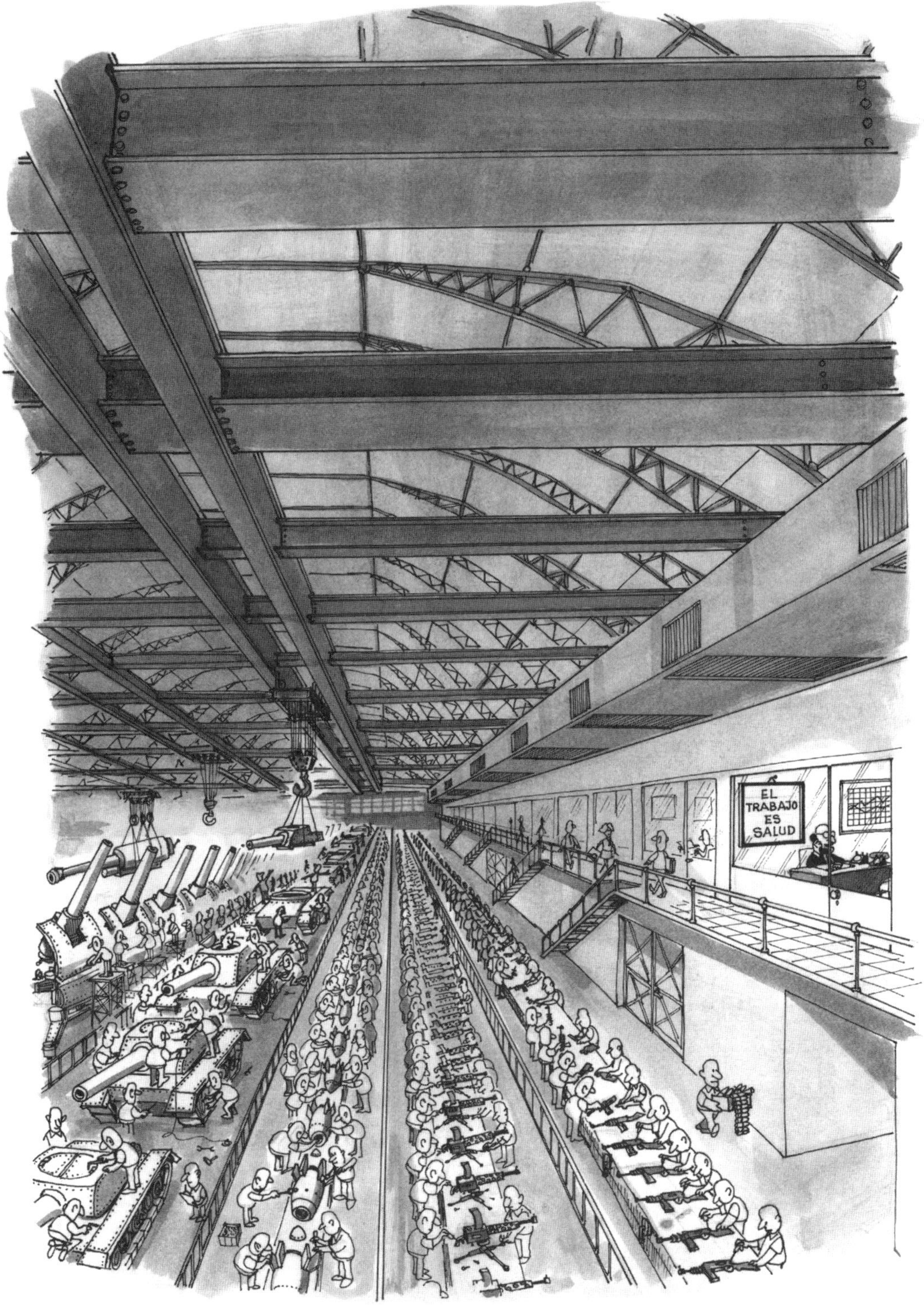
EL
TRABAJO
ES
SALUD

¡AUMENTO, AUMENTO! ¿QUÉ CLASE
DE SENTIMIENTOS TIENE USTED
QUE EN TODO UN AÑO NO HA
SIDO CAPAZ DE TOMARLE
CARIÑO A LO QUE GANA?

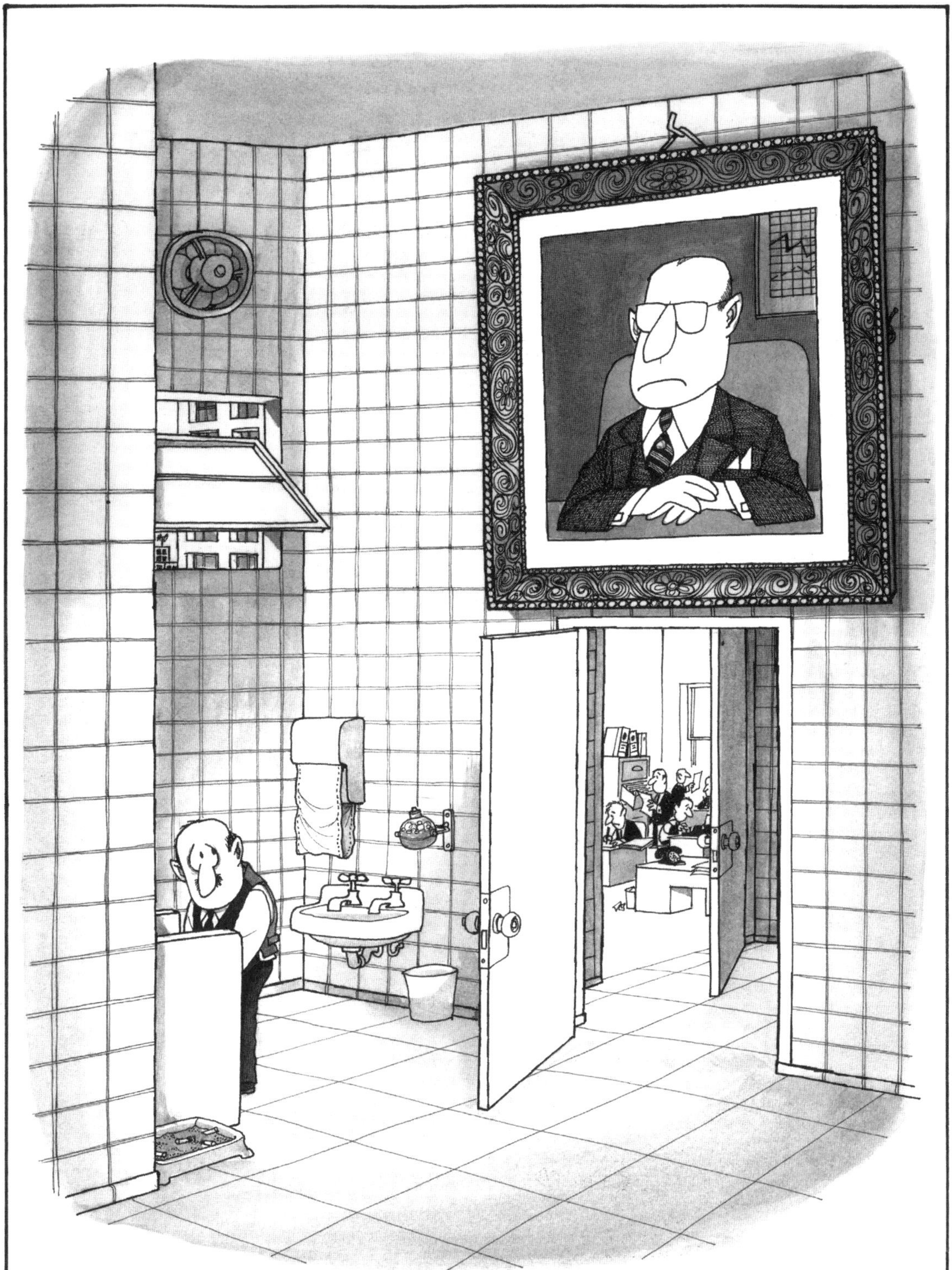

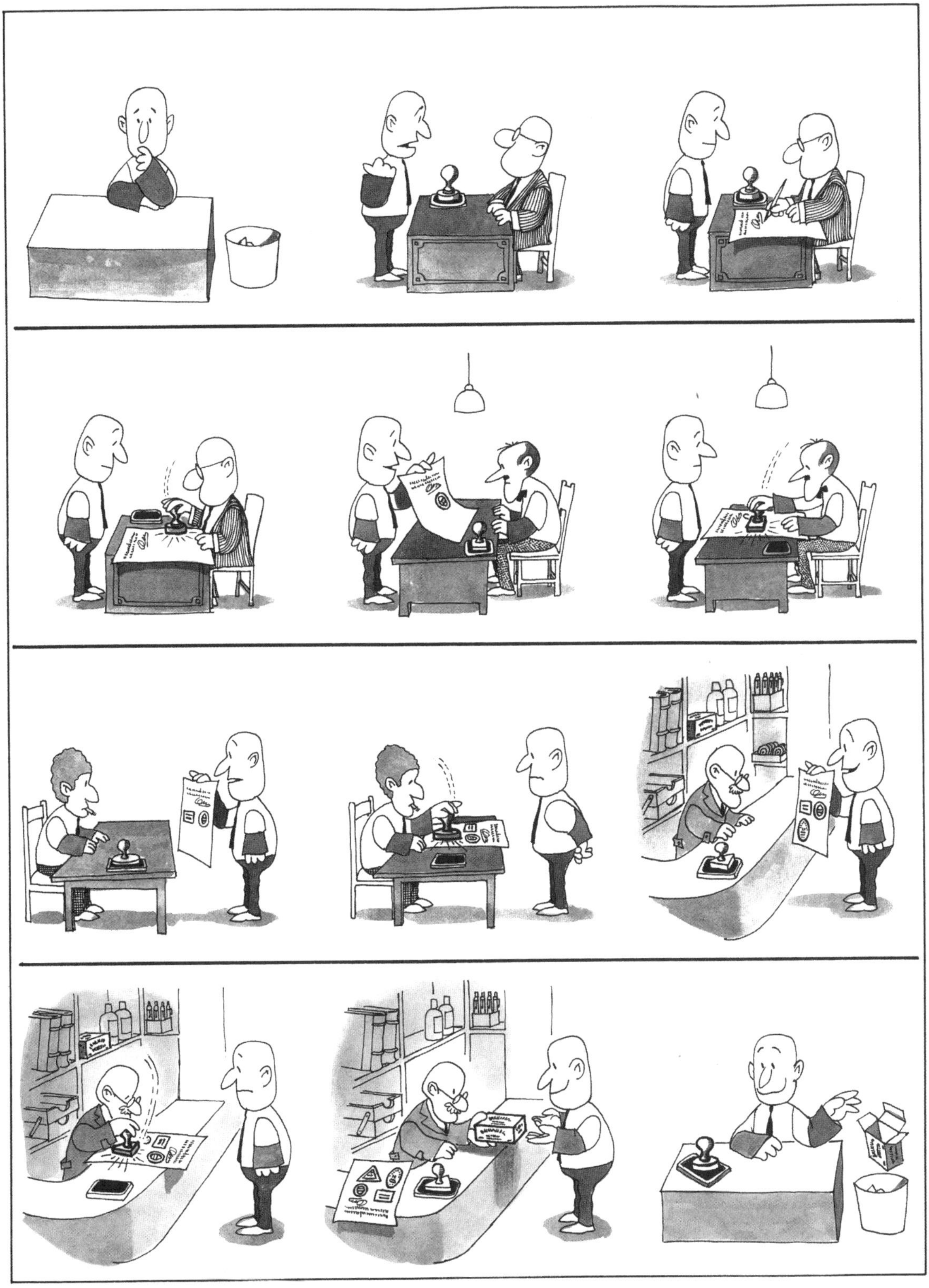

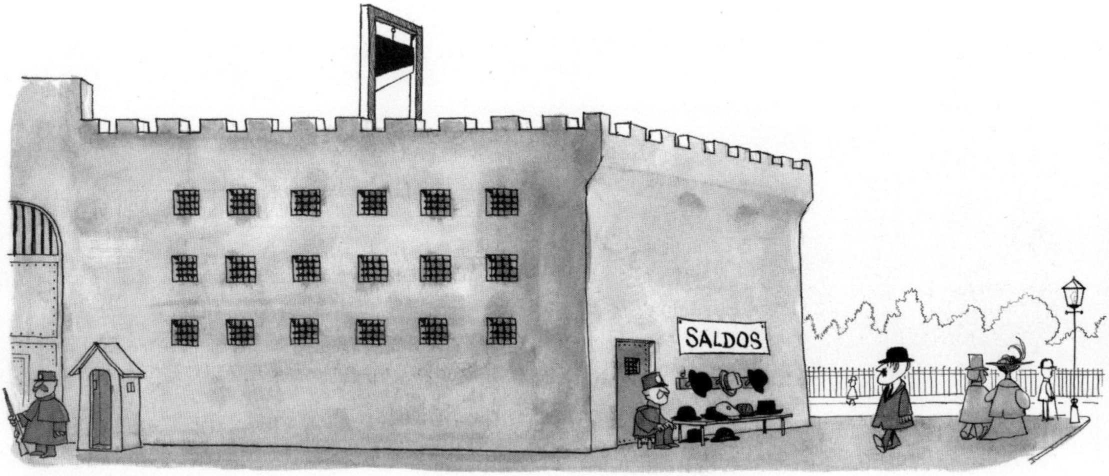
SALDOS

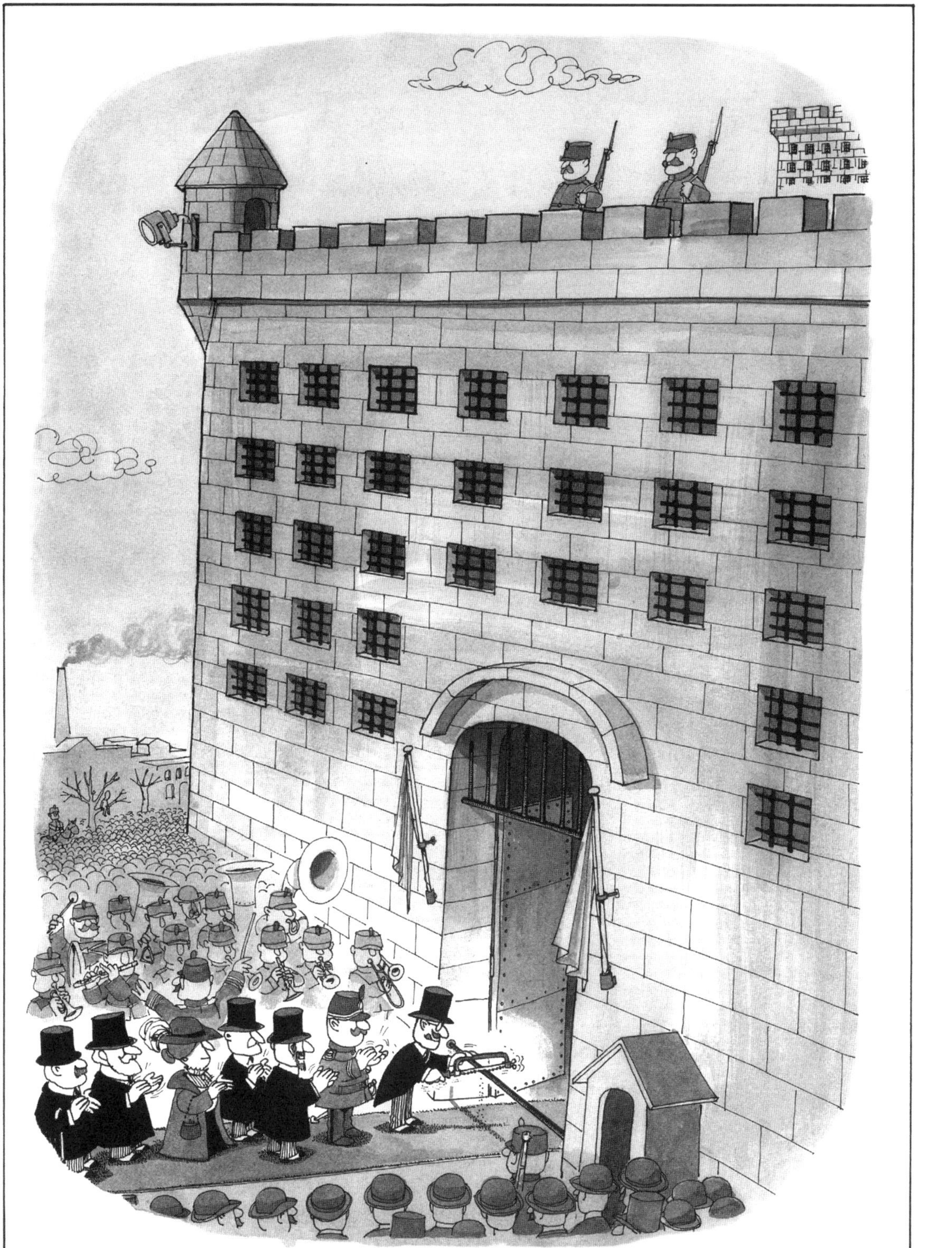

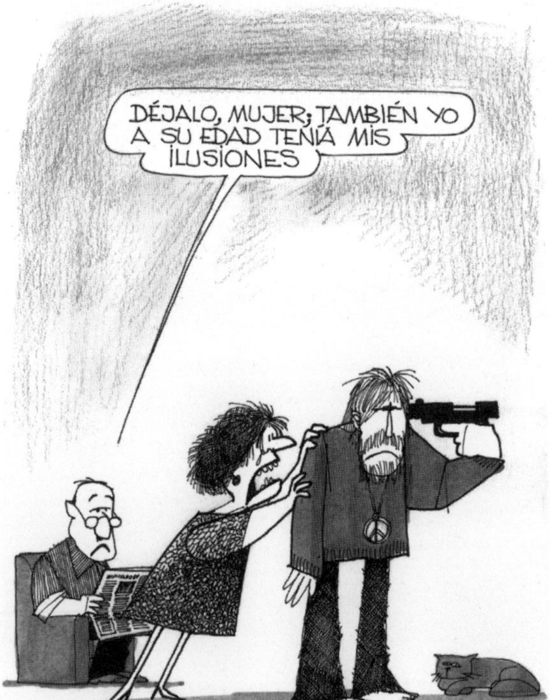
DÉJALO, MUJER; TAMBIÉN YO A SU EDAD TENÍA MIS ILUSIONES

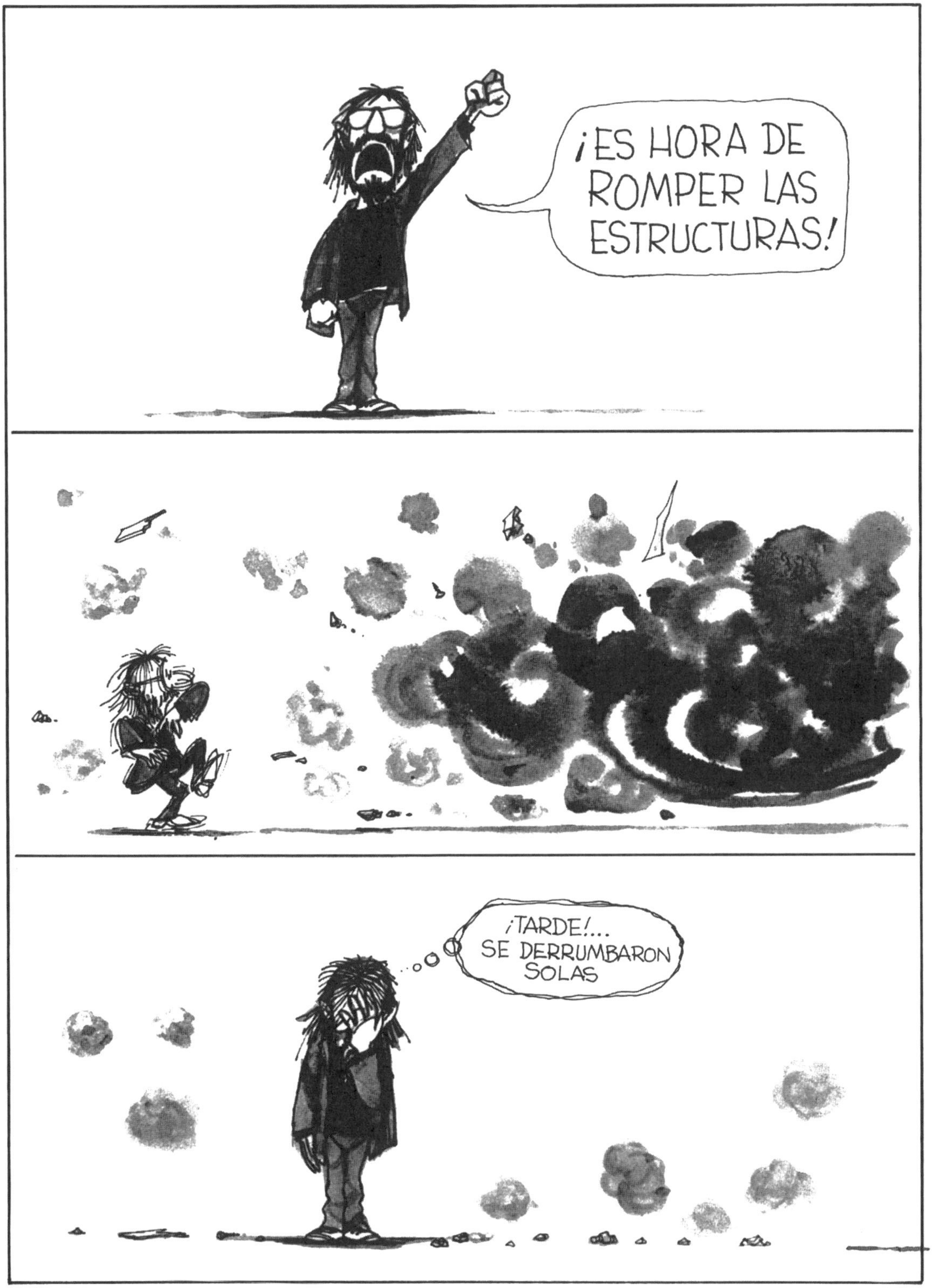
¡ES HORA DE ROMPER LAS ESTRUCTURAS!
¡TARDE!... SE DERRUMBARON SOLAS

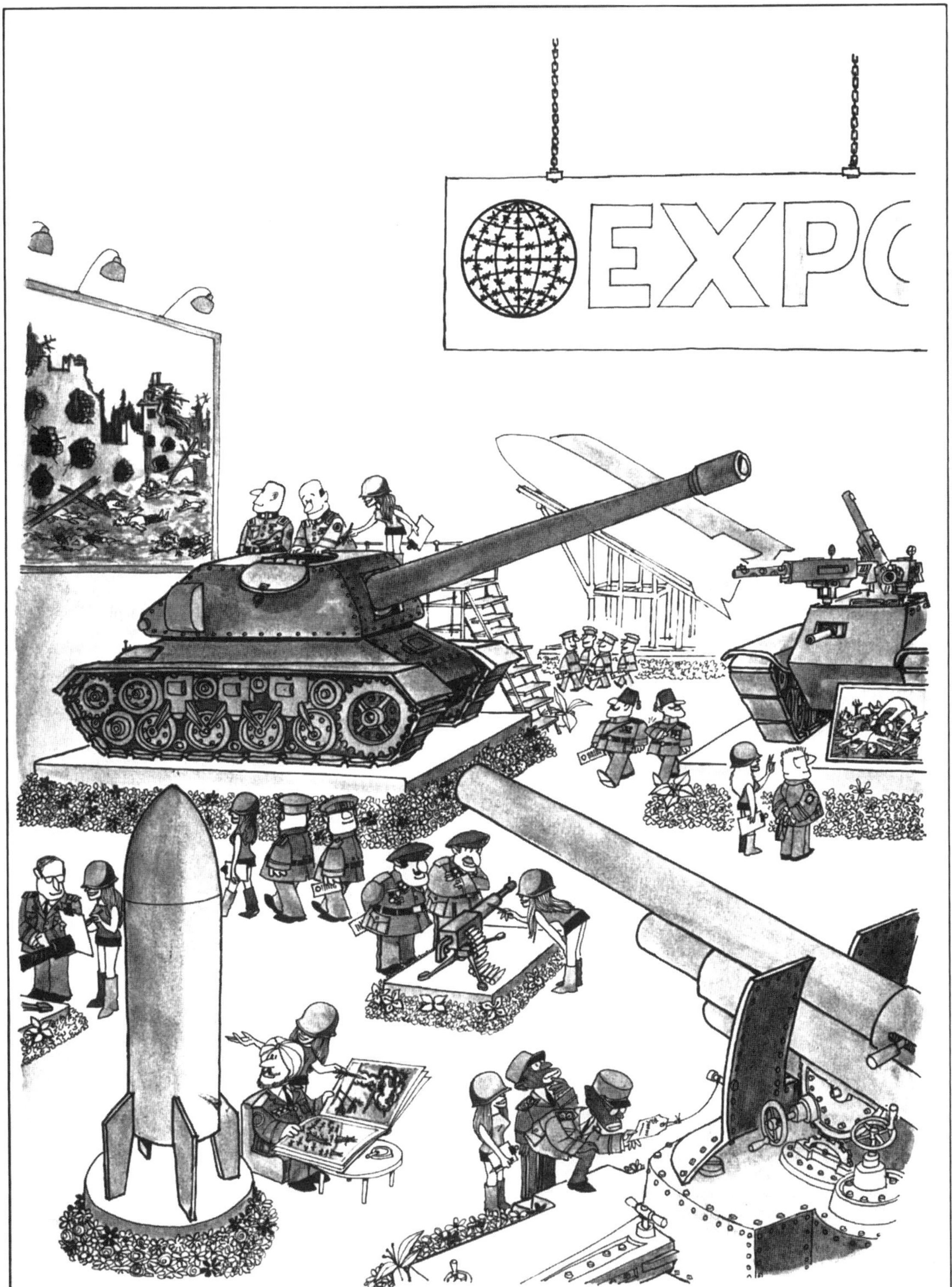
EXPO

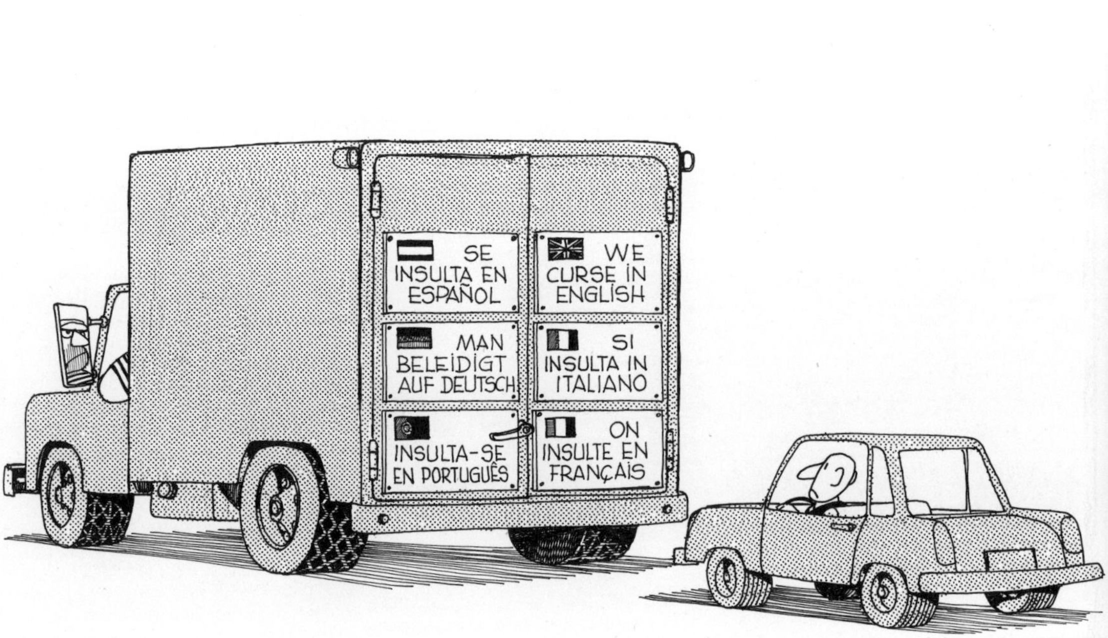
SE INSULTA EN ESPAÑOL
WE CURSE IN ENGLISH
MAN BELEIDIGT AUF DEUTSCH
SI INSULTA IN ITALIANO
INSULTA-SE EN PORTUGUÊS
ON INSULTE EN FRANÇAIS

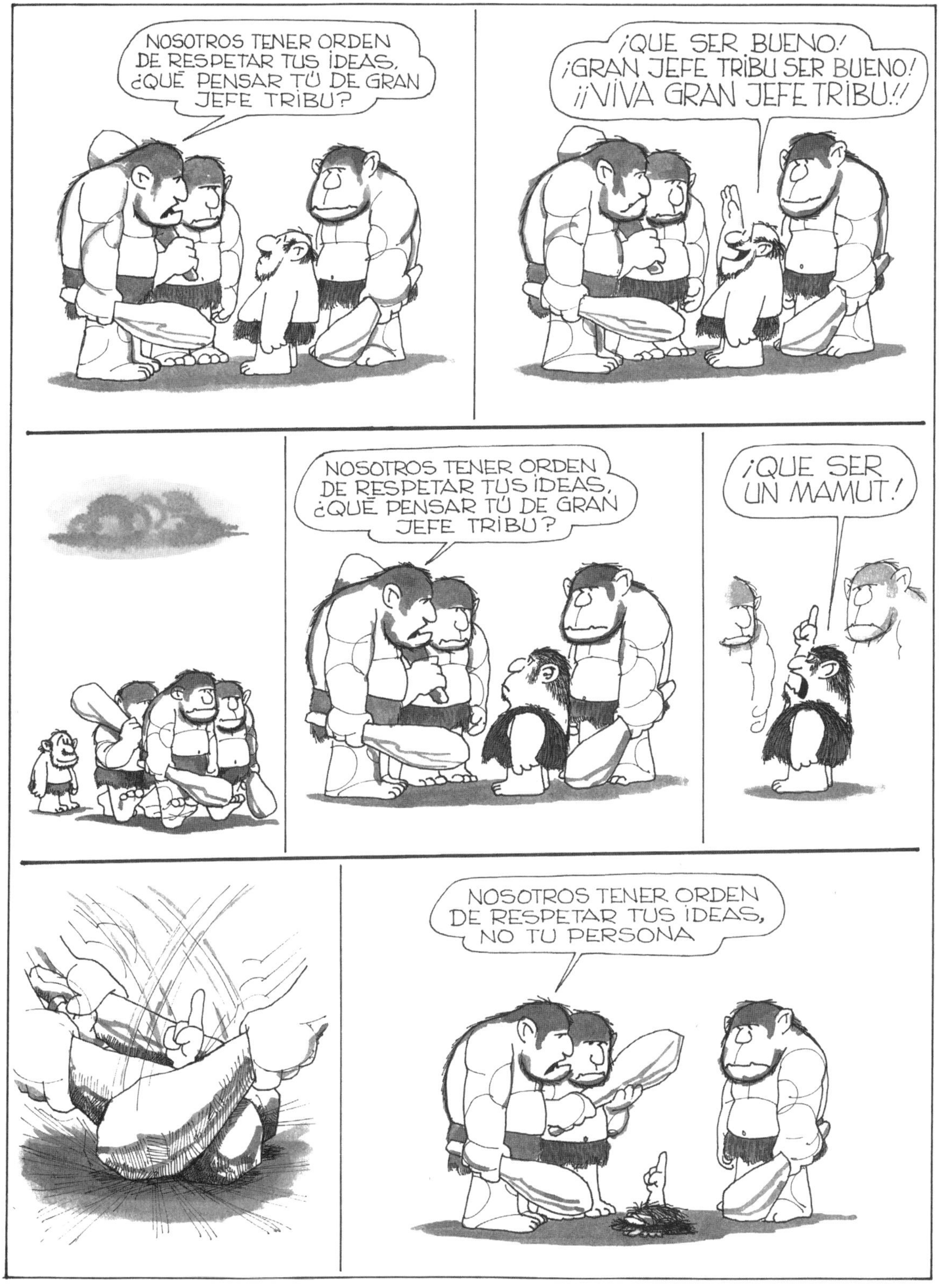
NOSOTROS TENER ORDEN DE RESPETAR TUS IDEAS, ¿QUÉ PENSAR TÚ DE GRAN JEFE TRIBU?
¡QUE SER BUENO! ¡GRAN JEFE TRIBU SER BUENO! ¡¡VIVA GRAN JEFE TRIBU!!
NOSOTROS TENER ORDEN DE RESPETAR TUS IDEAS, ¿QUÉ PENSAR TÚ DE GRAN JEFE TRIBU?
¡QUE SER UN MAMUT!
NOSOTROS TENER ORDEN DE RESPETAR TUS IDEAS, NO TU PERSONA

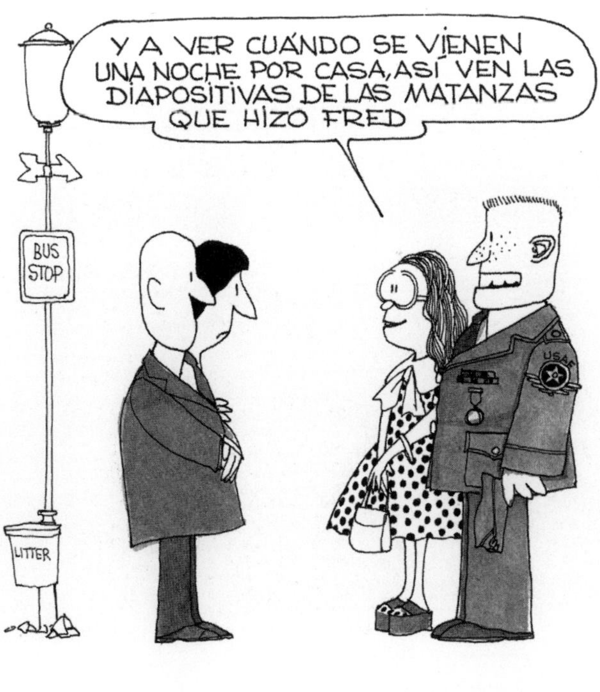
Y A VER CUÁNDO SE VIENEN UNA NOCHE POR CASA, ASÍ VEN LAS DIAPOSITIVAS DE LAS MATANZAS QUE HIZO FRED
BUS STOP
USAF
LITTER

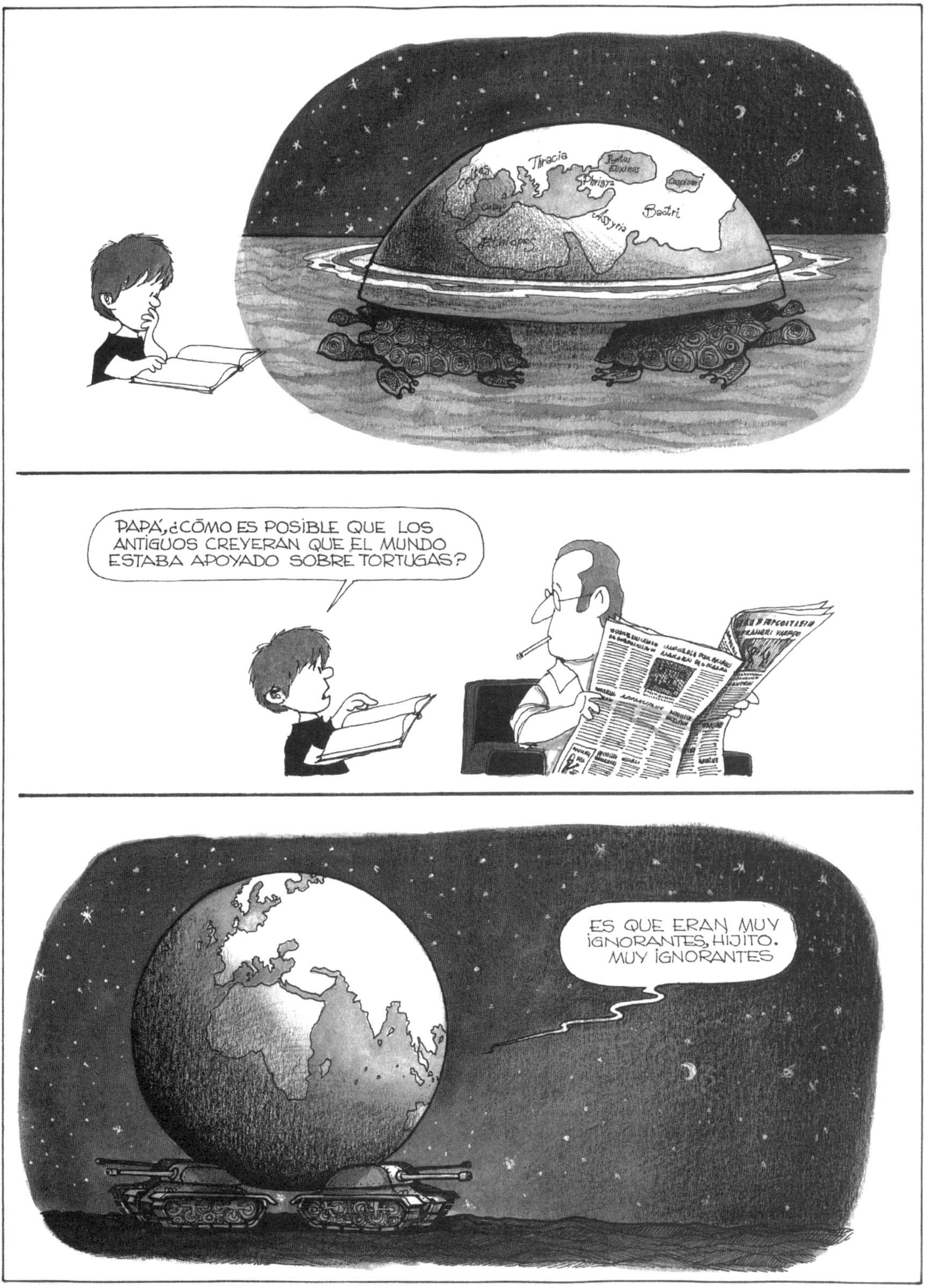
PAPÁ, ¿CÓMO ES POSIBLE QUE LOS ANTIGUOS CREYERAN QUE EL MUNDO ESTABA APOYADO SOBRE TORTUGAS?
ES QUE ERAN MUY IGNORANTES, HIJITO. MUY IGNORANTES

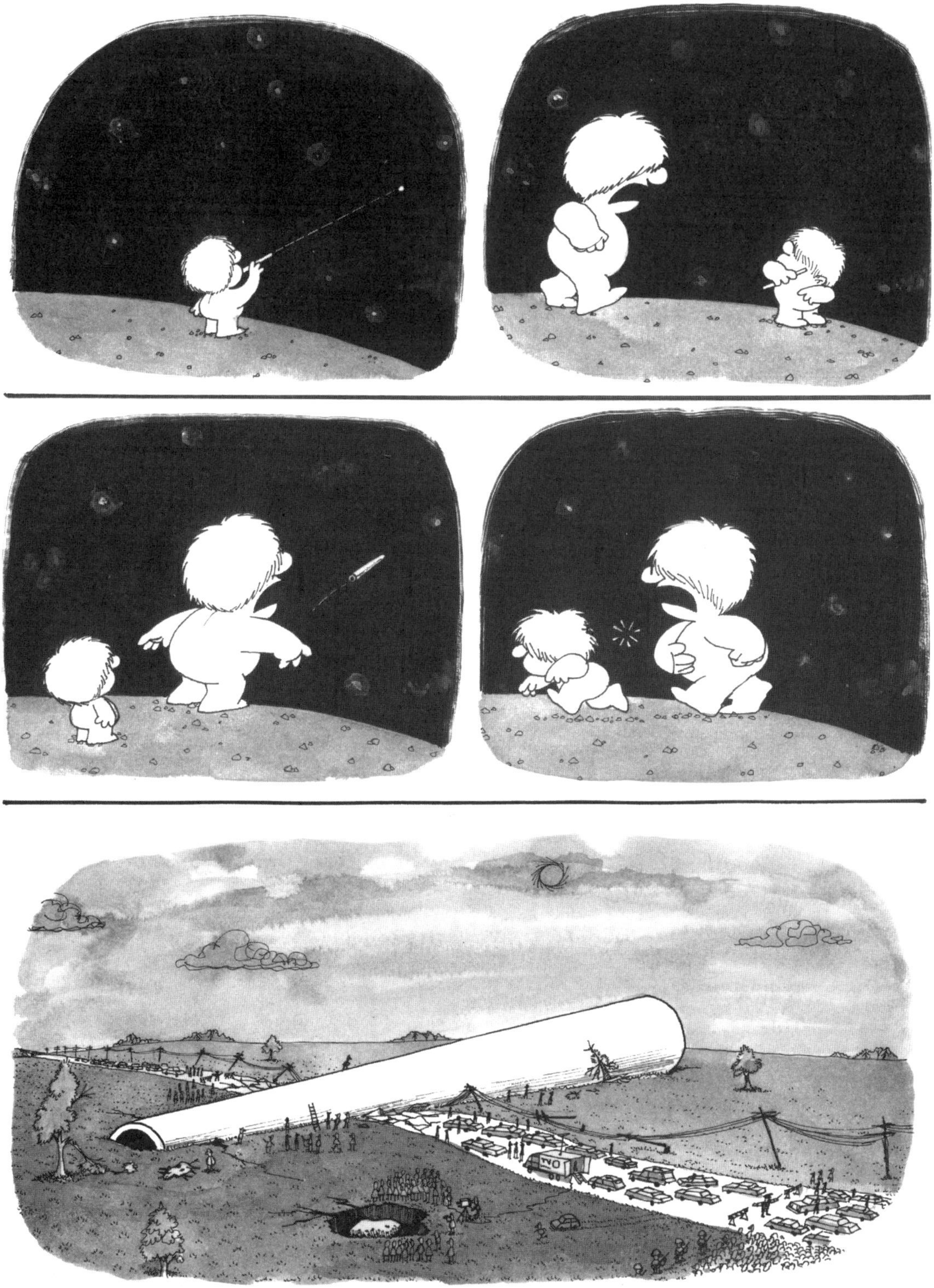
NO

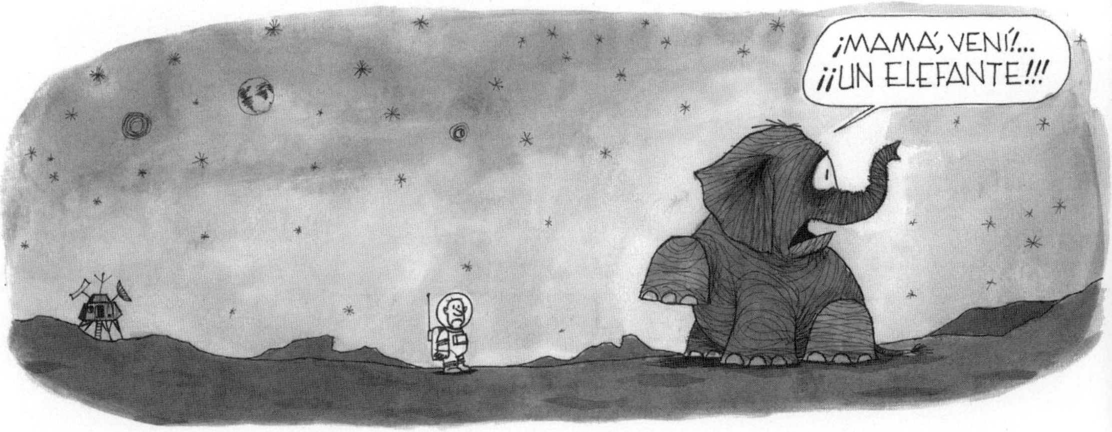
¡MAMÁ, VENÍ!...
¡¡UN ELEFANTE!!!

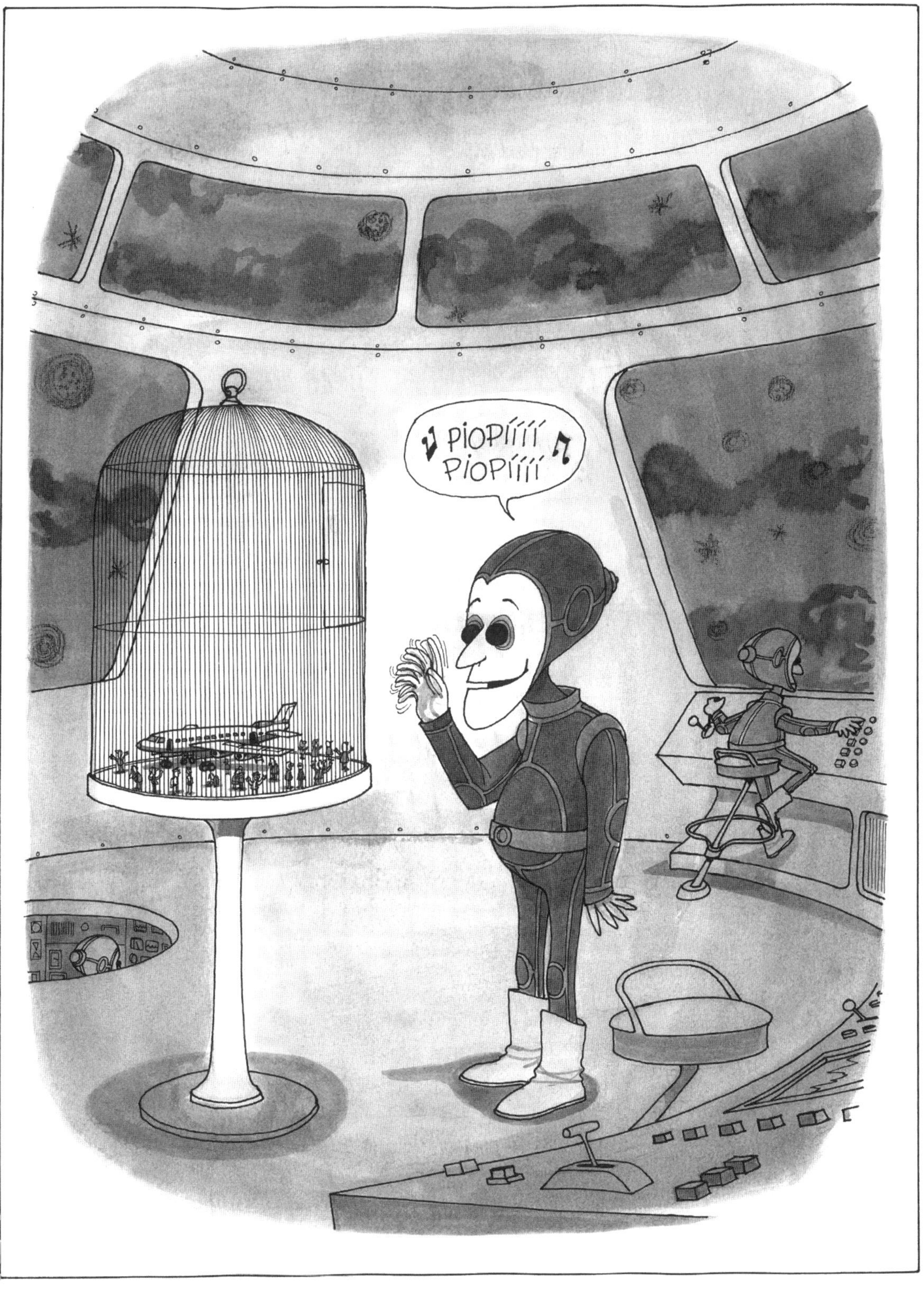
PIOPÍÍÍÍ
PIOPÍÍÍÍ

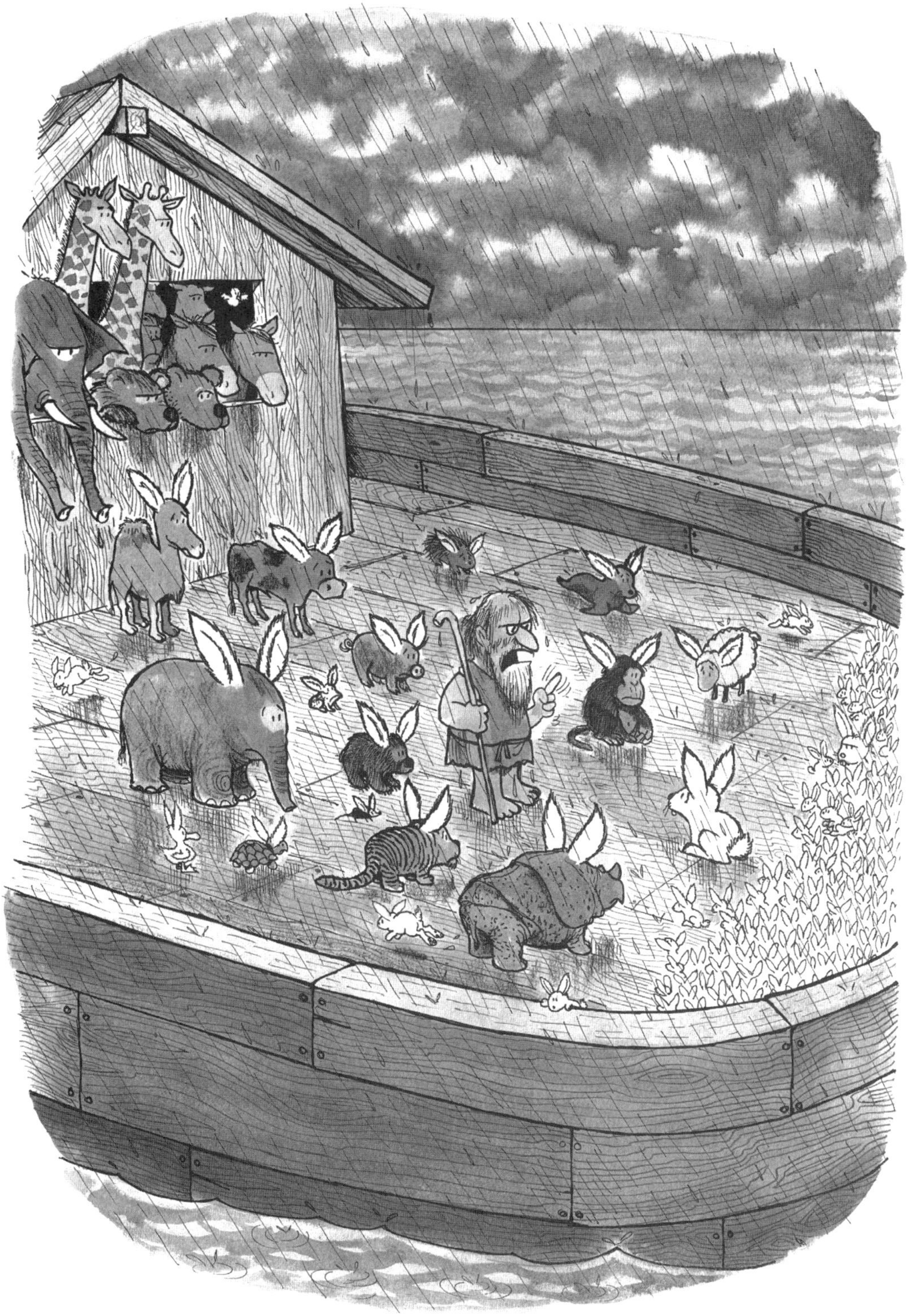

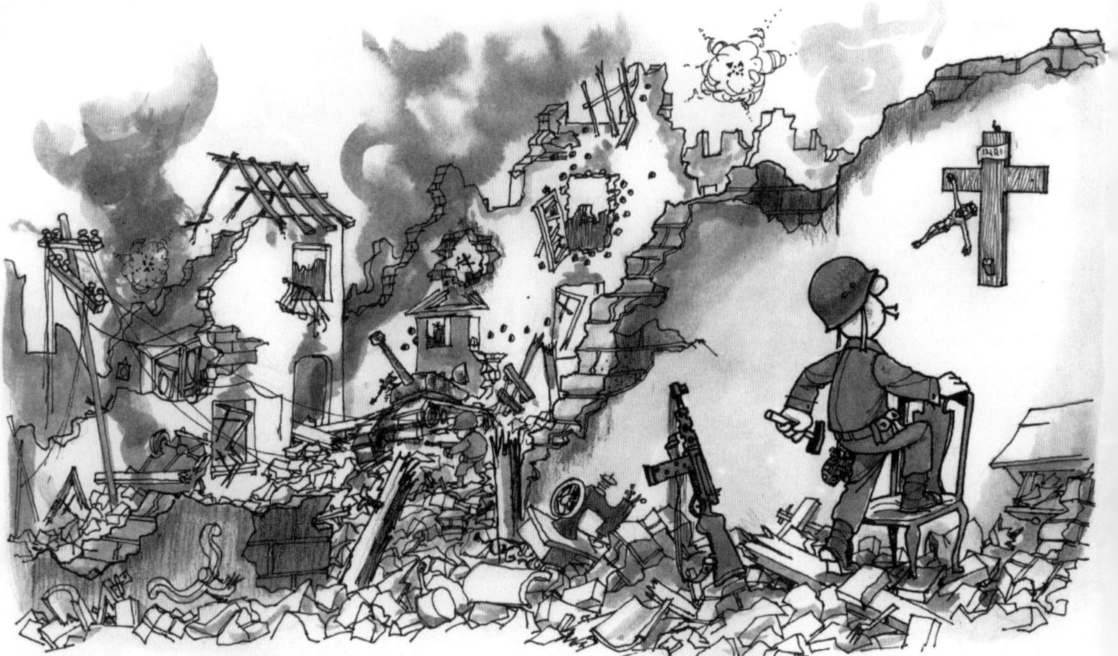
INRI

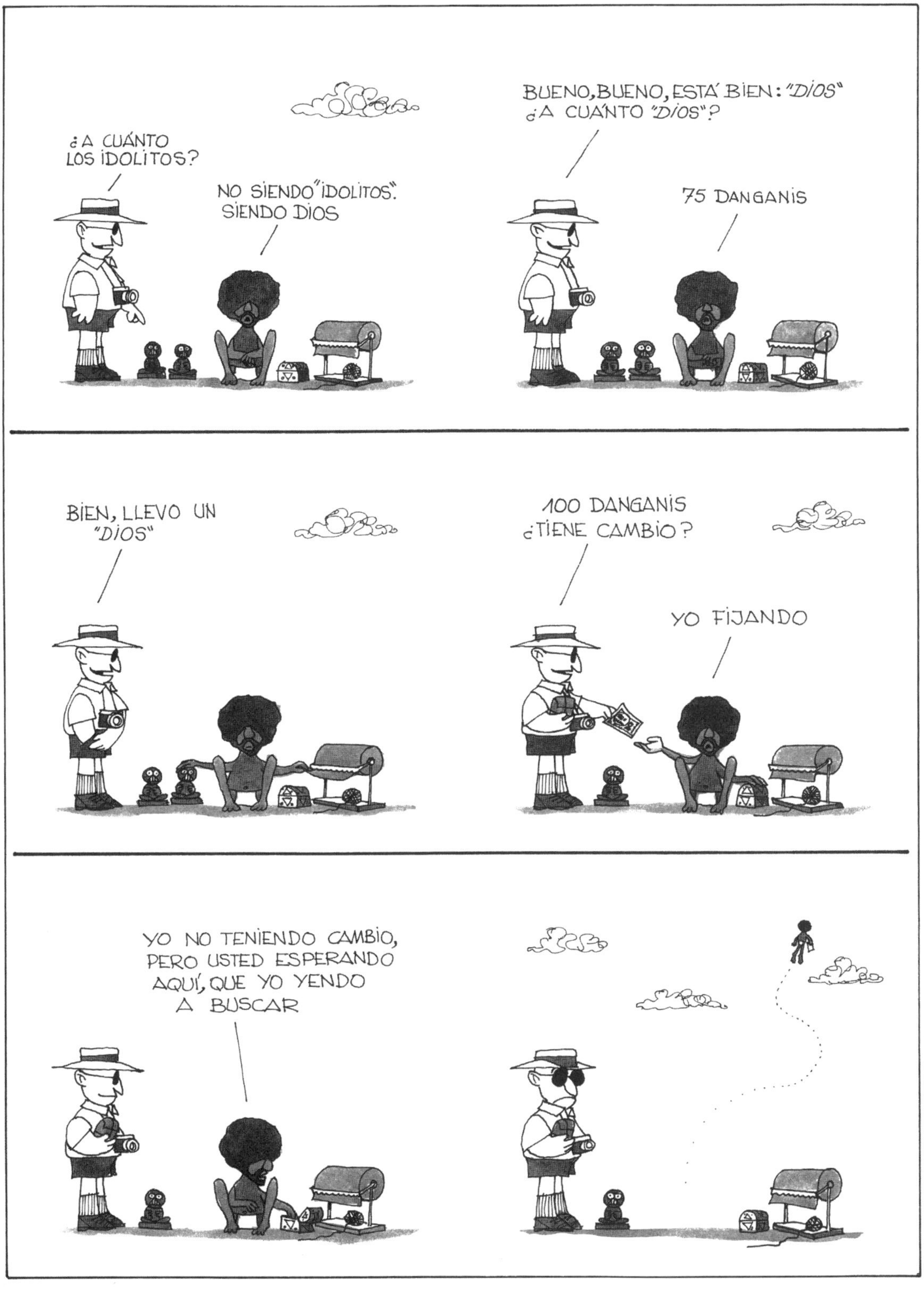
¿A CUÁNTO LOS IDOLITOS?
NO SIENDO "IDOLITOS". SIENDO DIOS
BUENO, BUENO, ESTÁ BIEN: "DIOS" ¿A CUÁNTO "DIOS"?
75 DANGANIS
BIEN, LLEVO UN "DIOS"
100 DANGANIS ¿TIENE CAMBIO?
YO FIJANDO
YO NO TENIENDO CAMBIO, PERO USTED ESPERANDO AQUÍ, QUE YO YENDO A BUSCAR

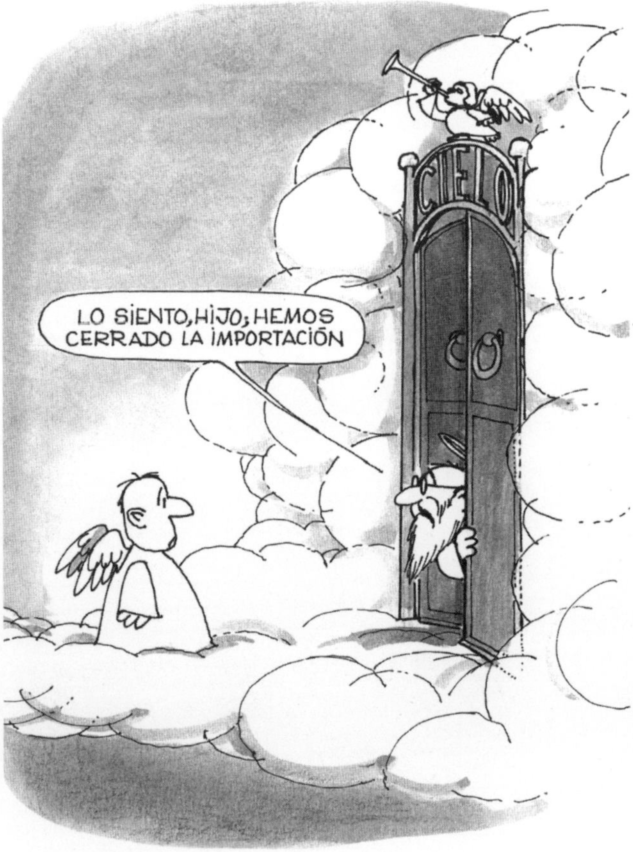
LO SIENTO, HIJO; HEMOS CERRADO LA IMPORTACIÓN
CIELO

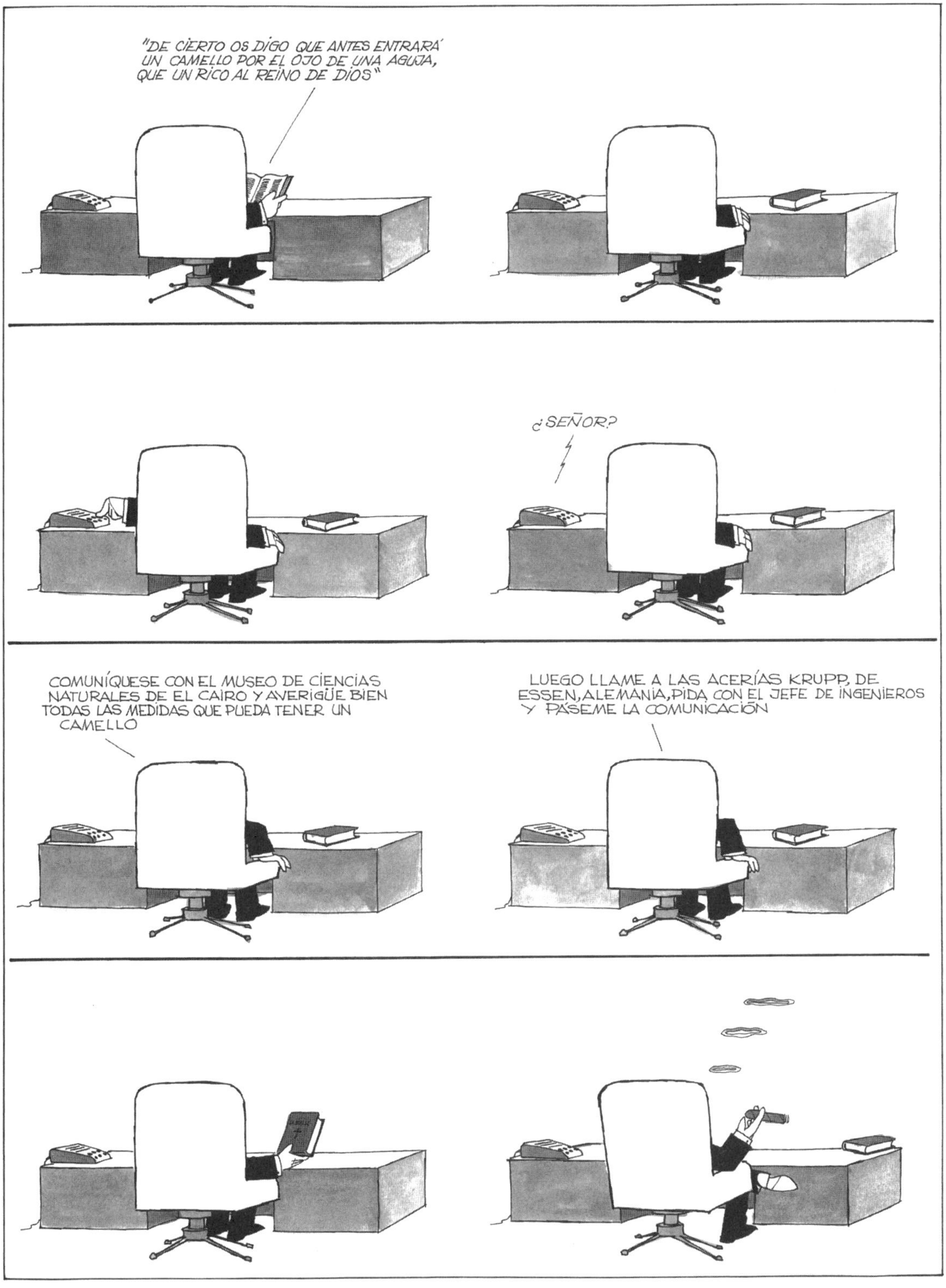

"DE CIERTO OS DIGO QUE ANTES ENTRARÁ UN CAMELLO POR EL OJO DE UNA AGUJA, QUE UN RICO AL REINO DE DIOS"
¿SEÑOR?
COMUNÍQUESE CON EL MUSEO DE CIENCIAS NATURALES DE EL CAIRO Y AVERIGÜE BIEN TODAS LAS MEDIDAS QUE PUEDA TENER UN CAMELLO
LUEGO LLAME A LAS ACERÍAS KRUPP, DE ESSEN, ALEMANIA, PIDA CON EL JEFE DE INGENIEROS Y PÁSEME LA COMUNICACIÓN

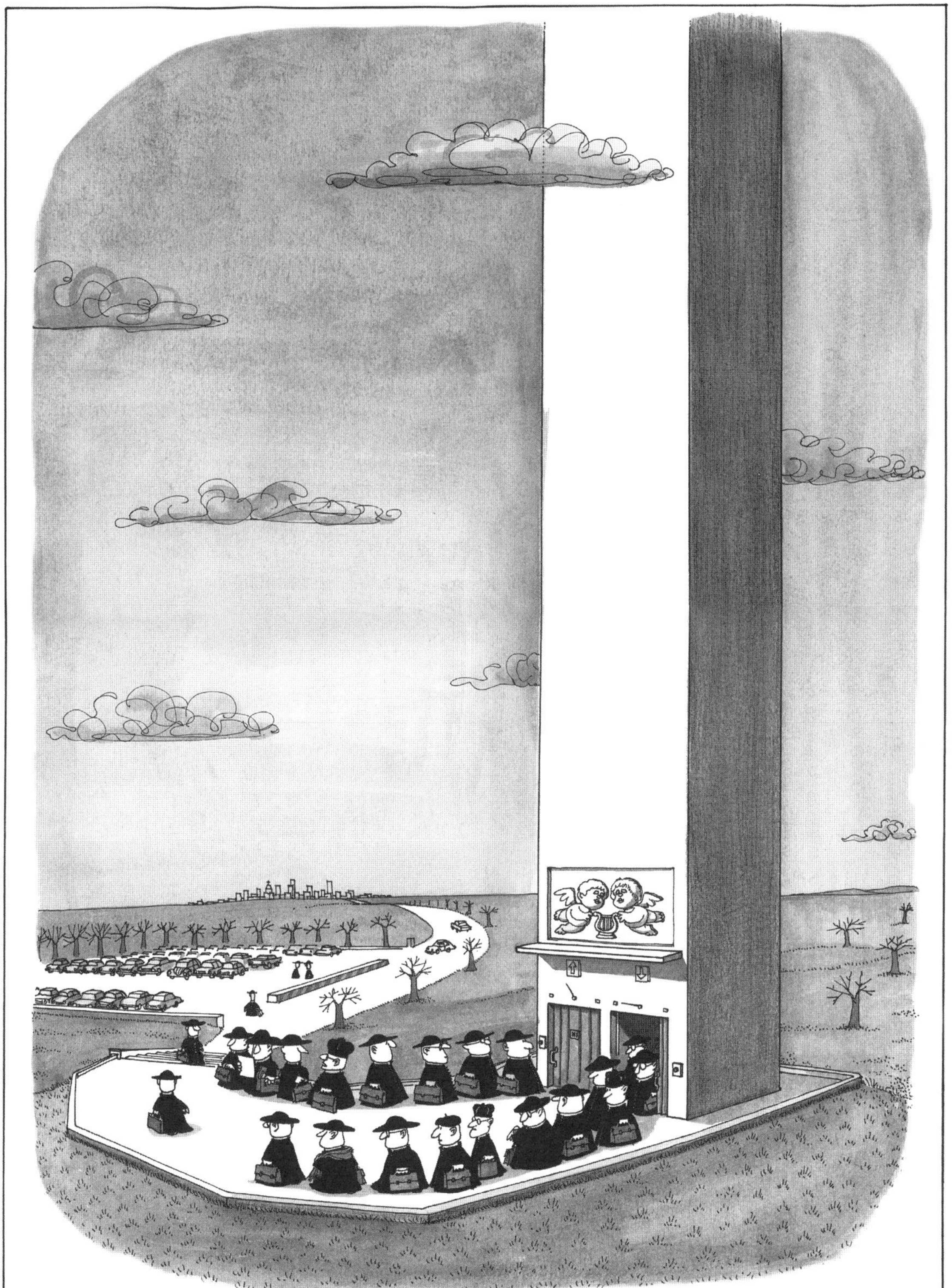

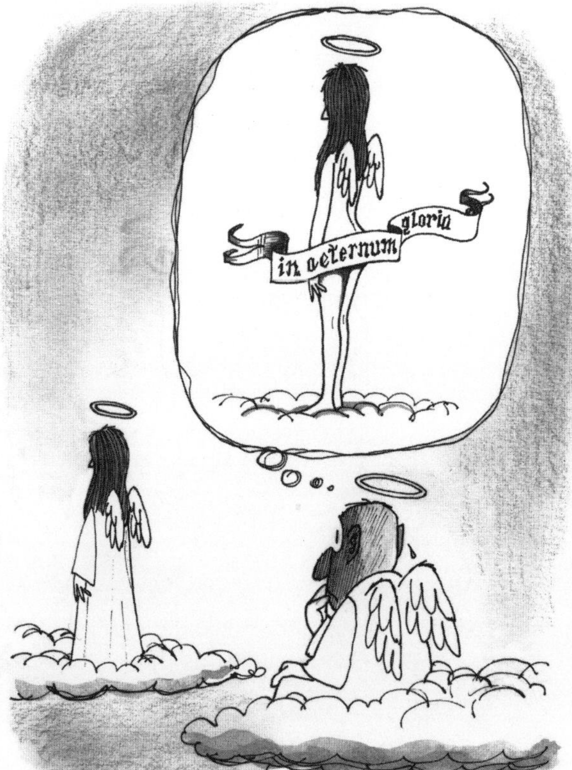
in aeternum gloria

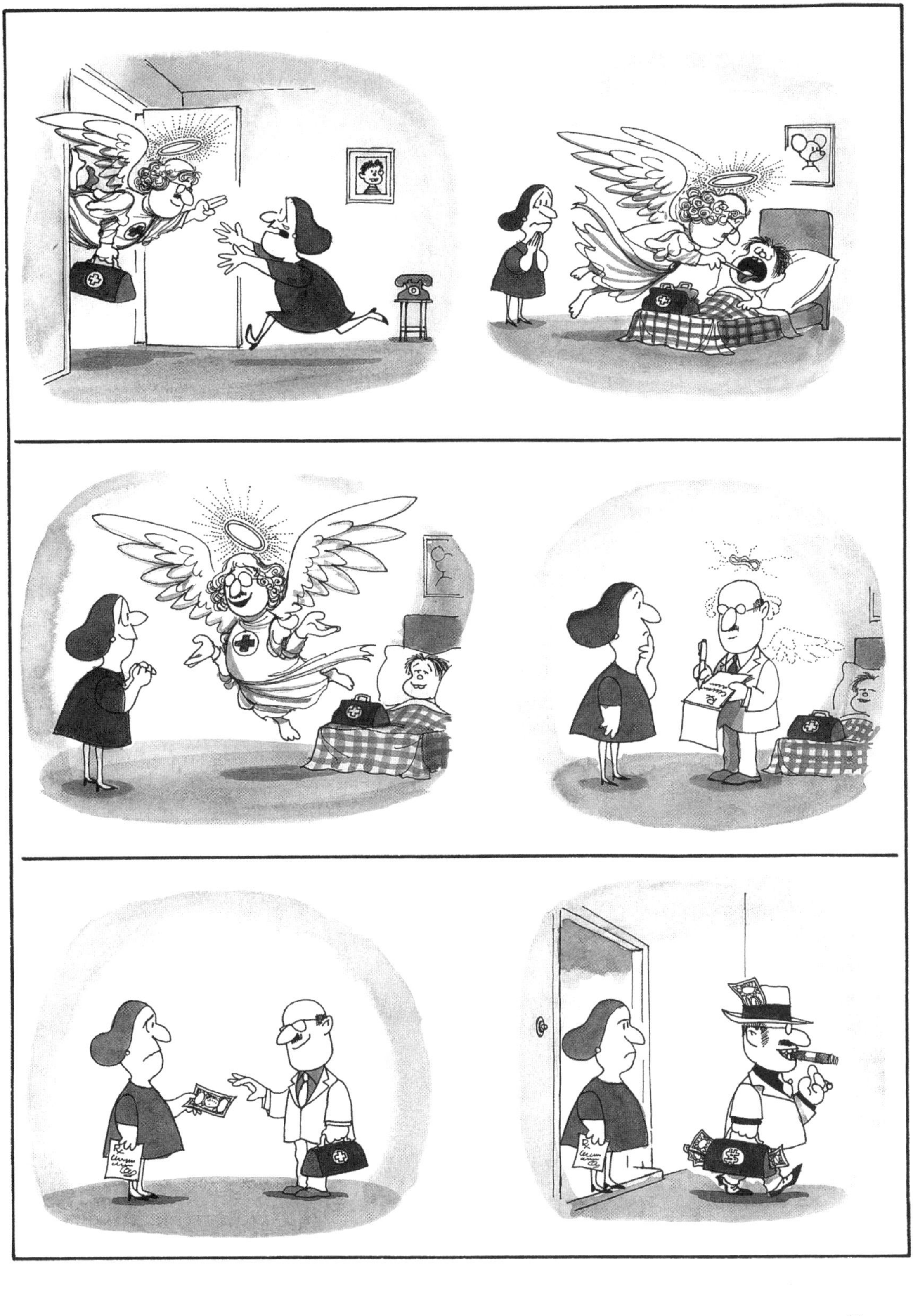

...afirmando el declarante
regresar a hora tan avan-
zada debido a circunstan-
cias que a continuación
pasa a detallar:

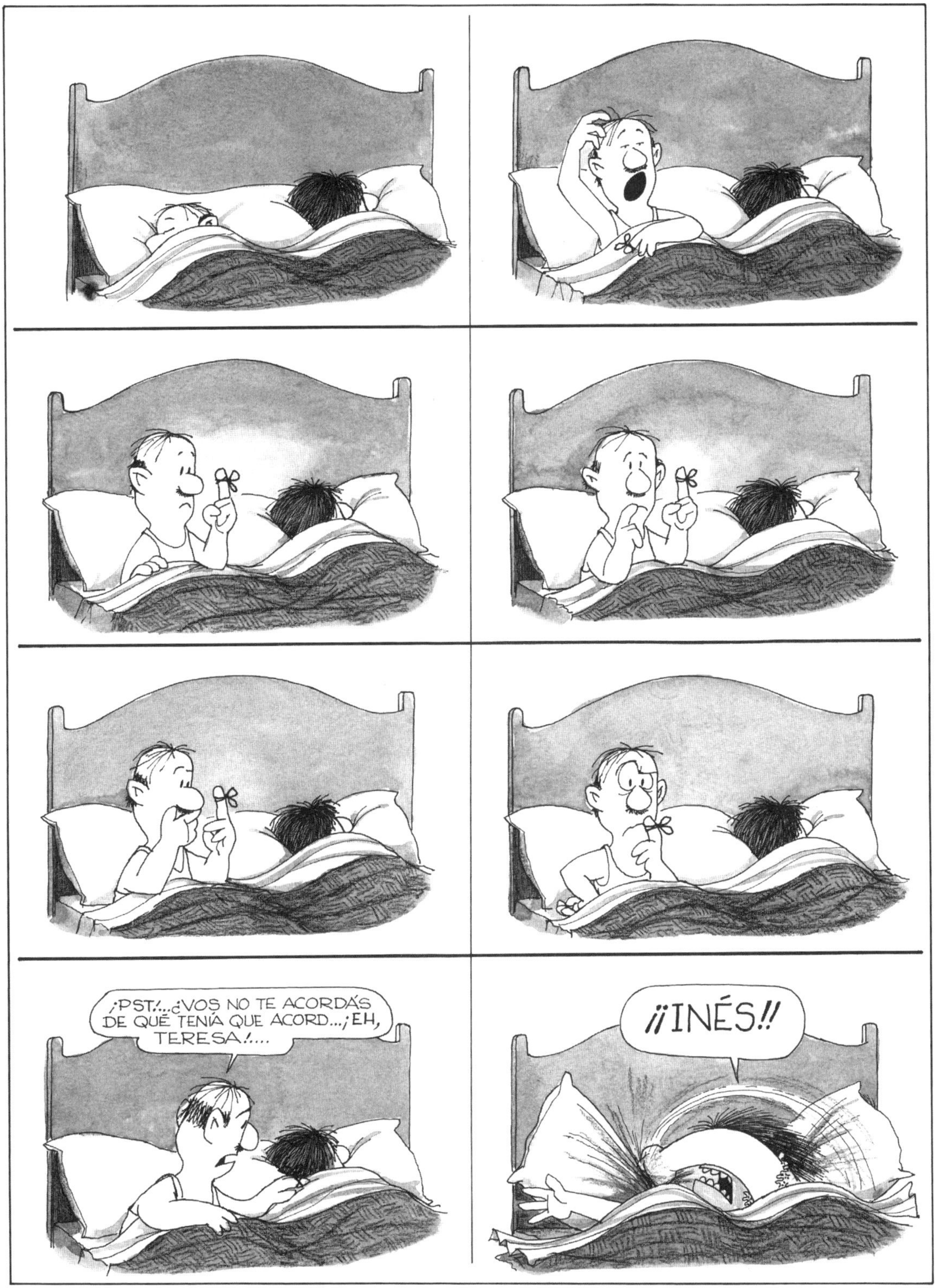
¡PST!...¿VOS NO TE ACORDÁS DE QUÉ TENÍA QUE ACORD...; ¡EH, TERESA!....
¡¡INÉS!!

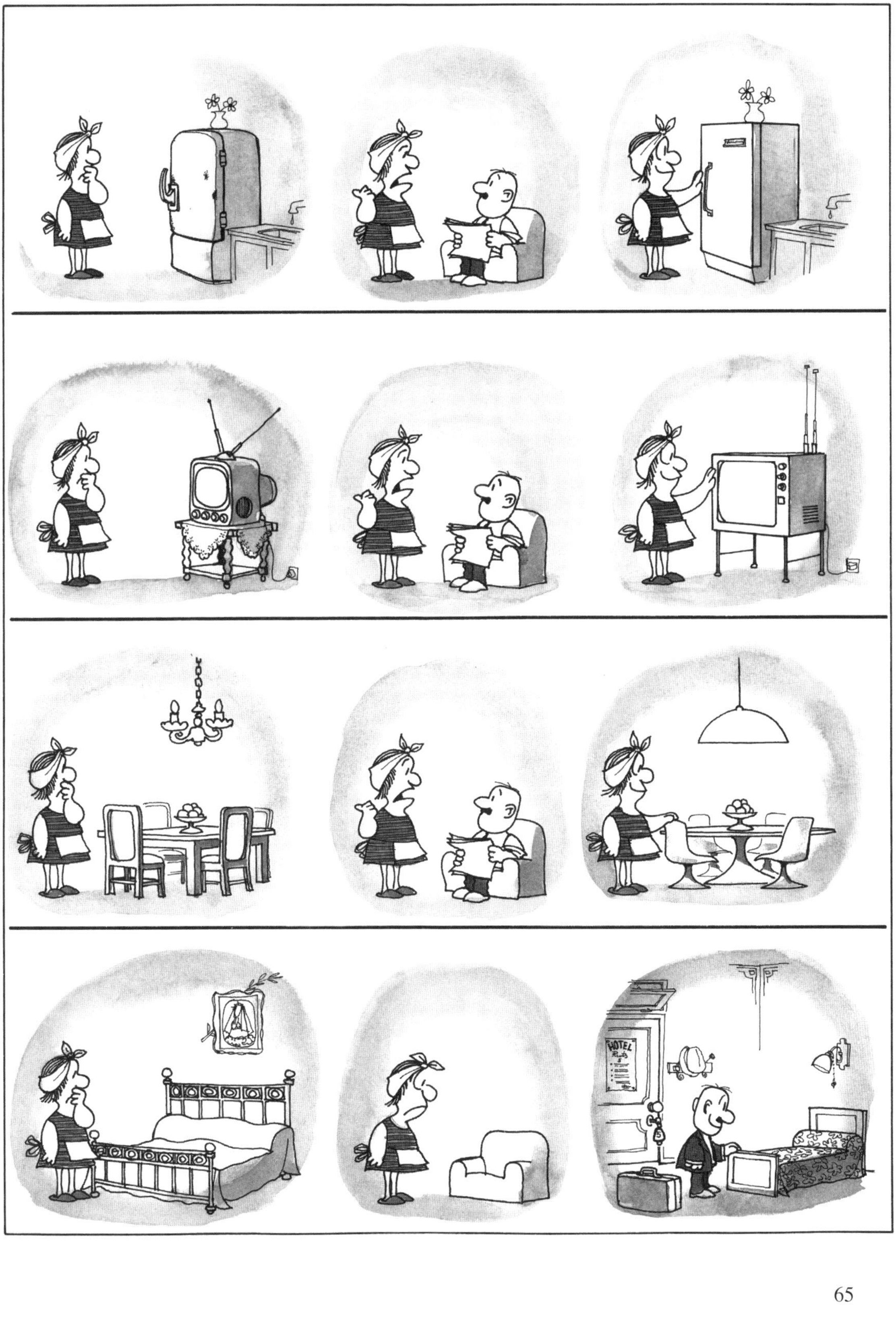
HOTEL

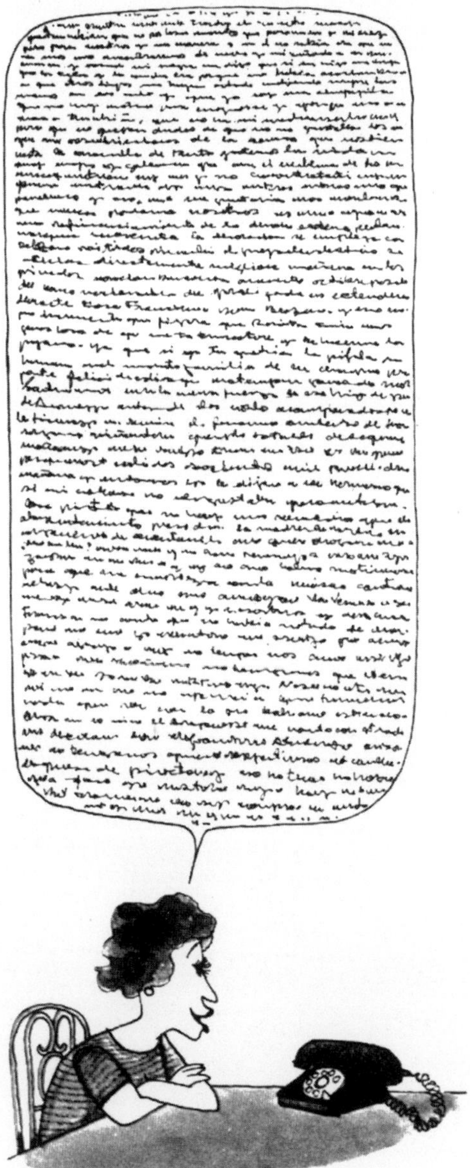

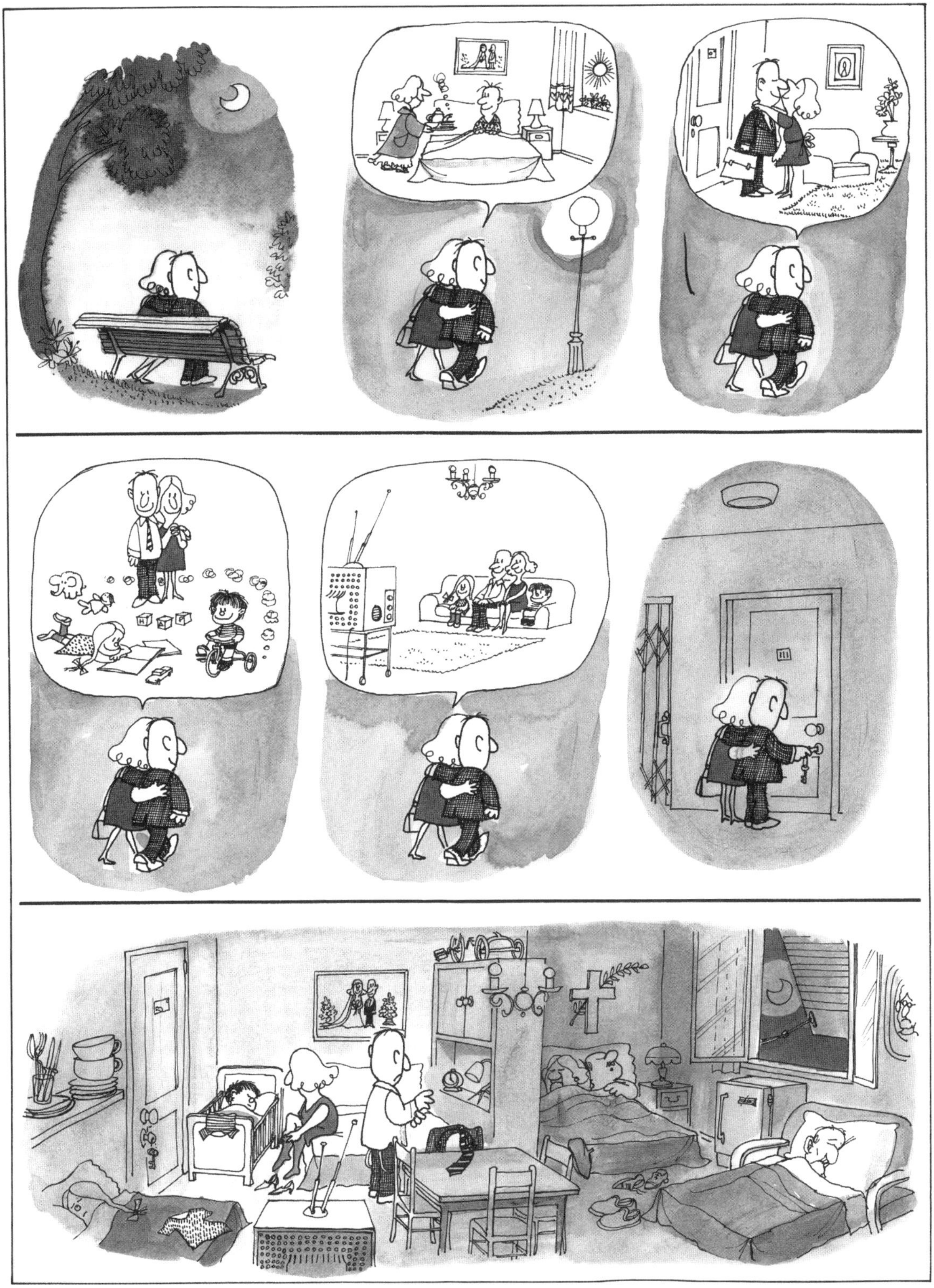

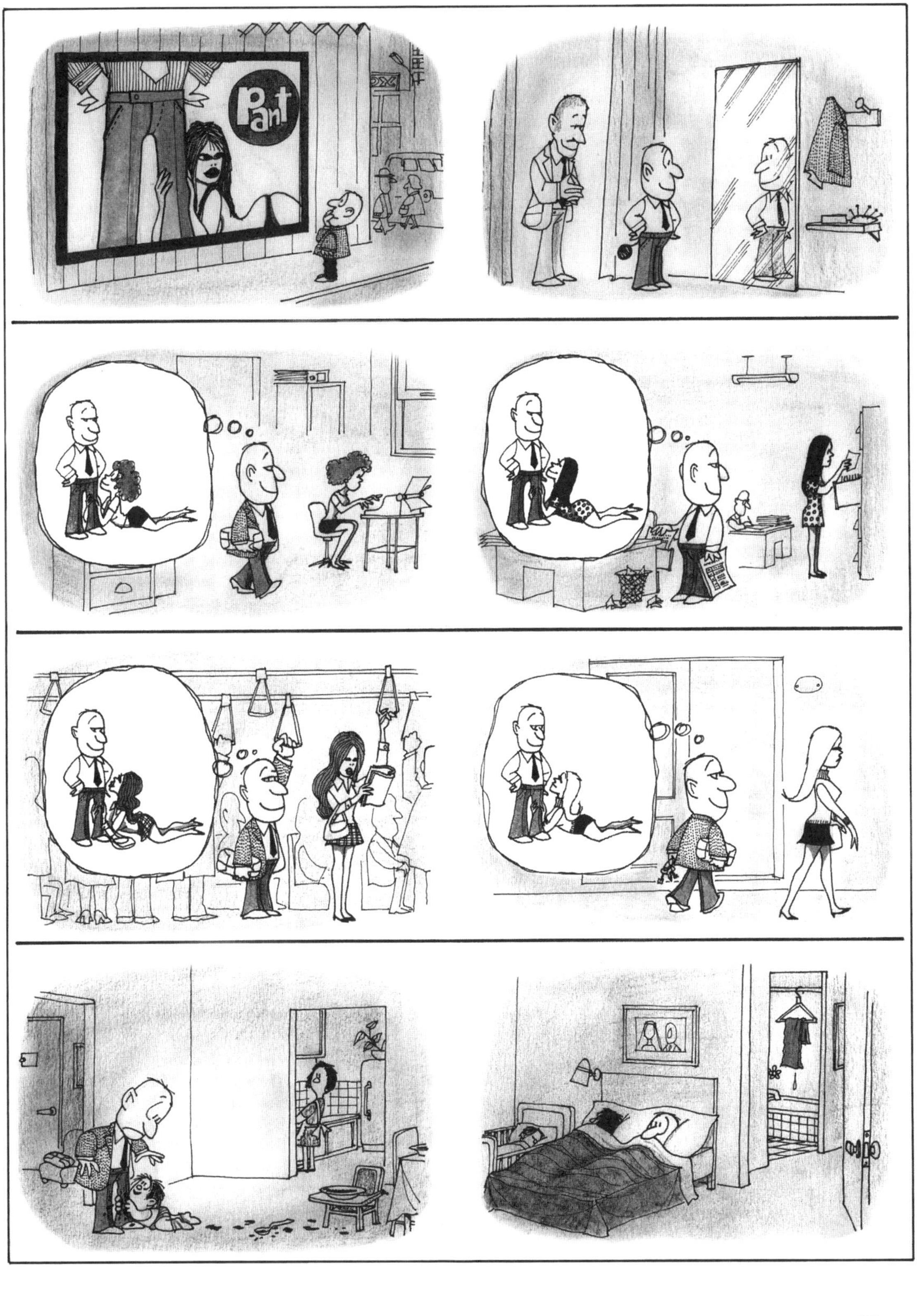
Pant

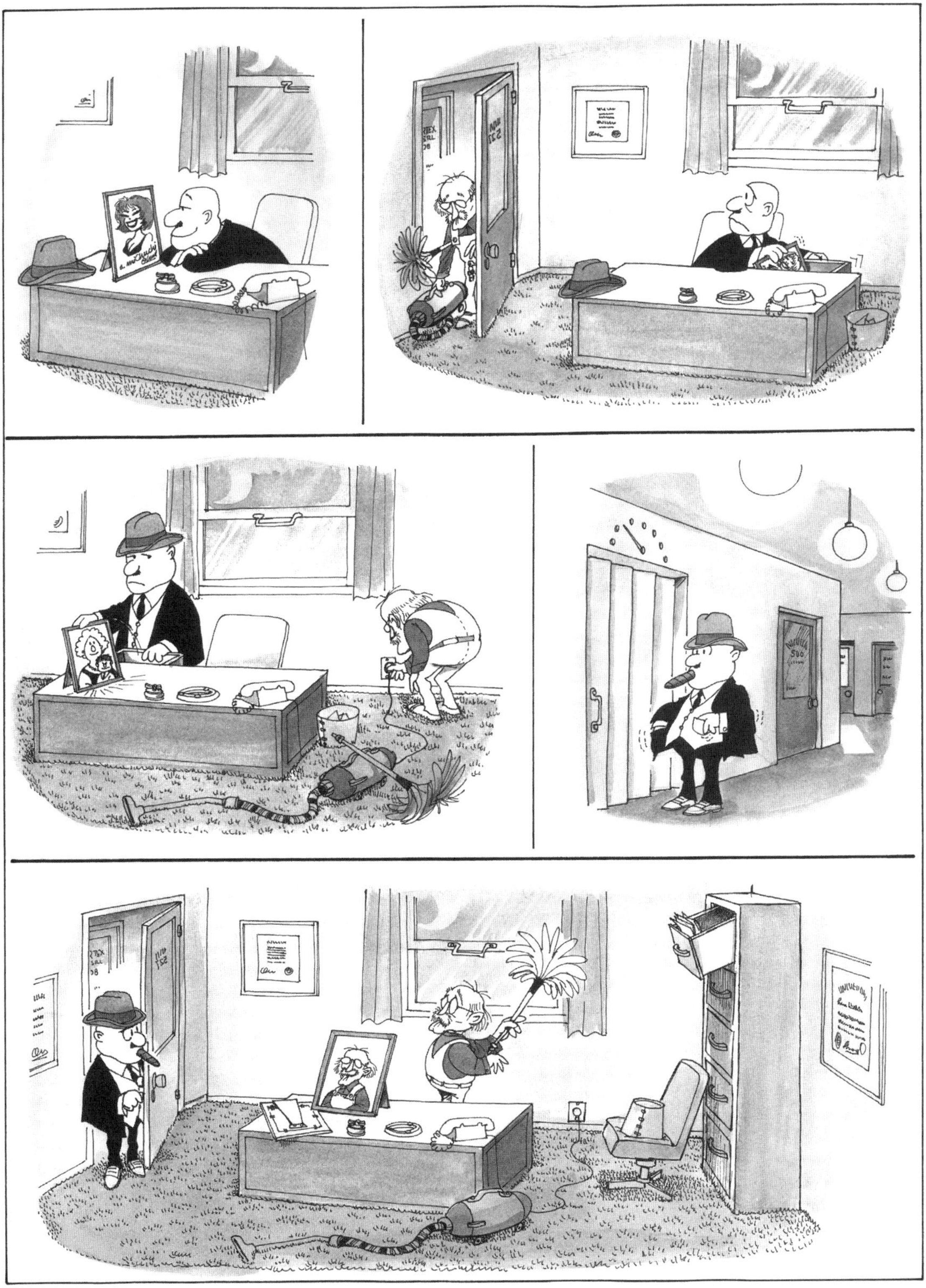

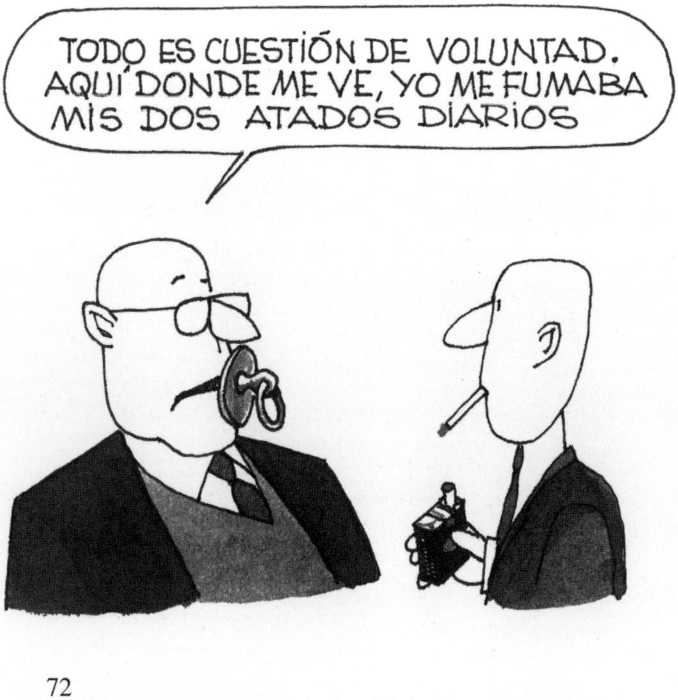
TODO ES CUESTIÓN DE VOLUNTAD. AQUÍ DONDE ME VE, YO ME FUMABA MIS DOS ATADOS DIARIOS

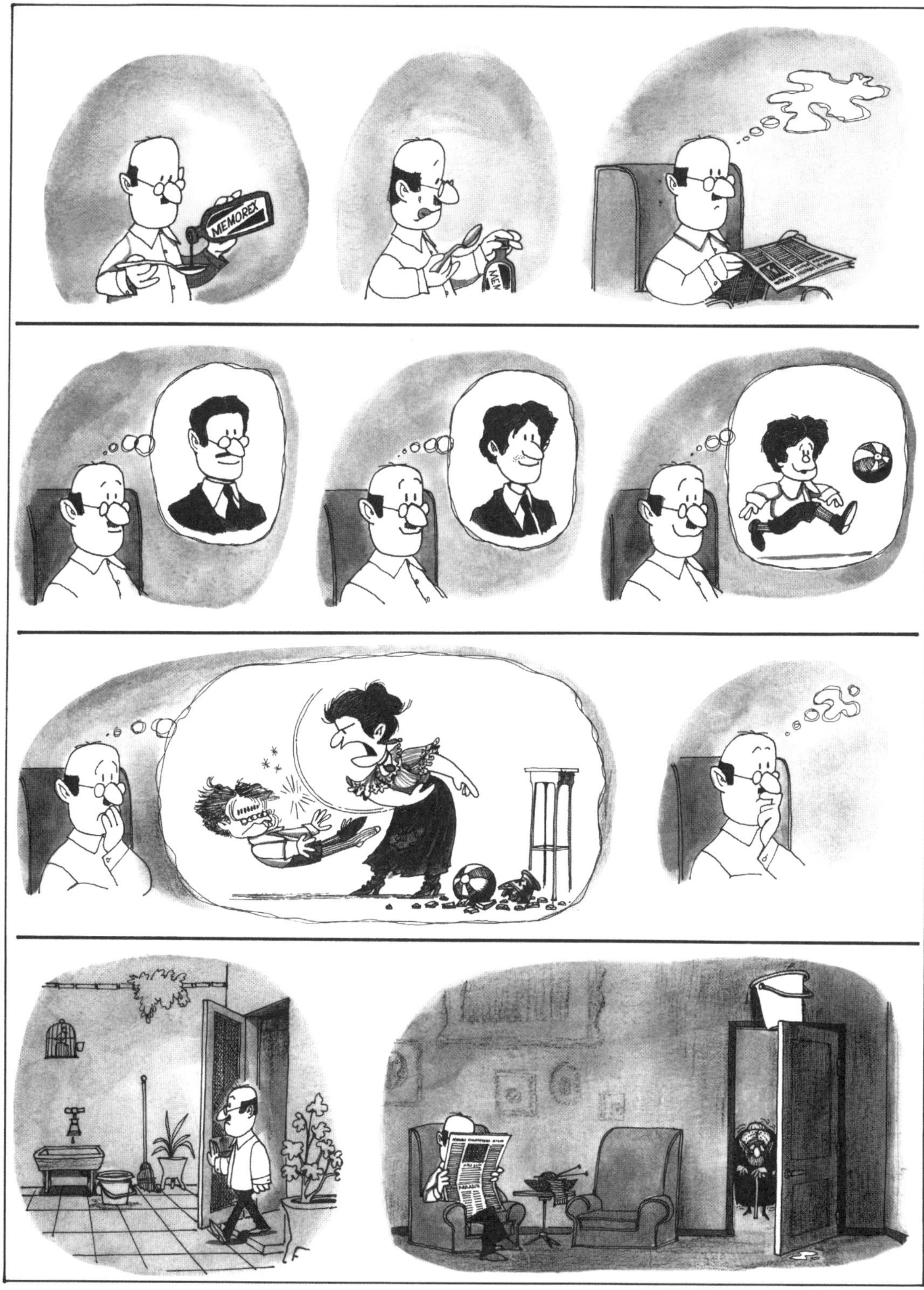
MEMOREX
MEM

¿SER O NO SER?

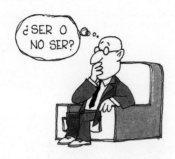

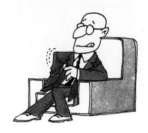

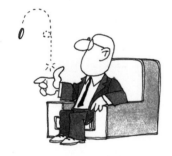

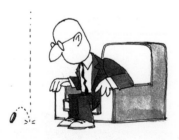

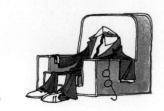

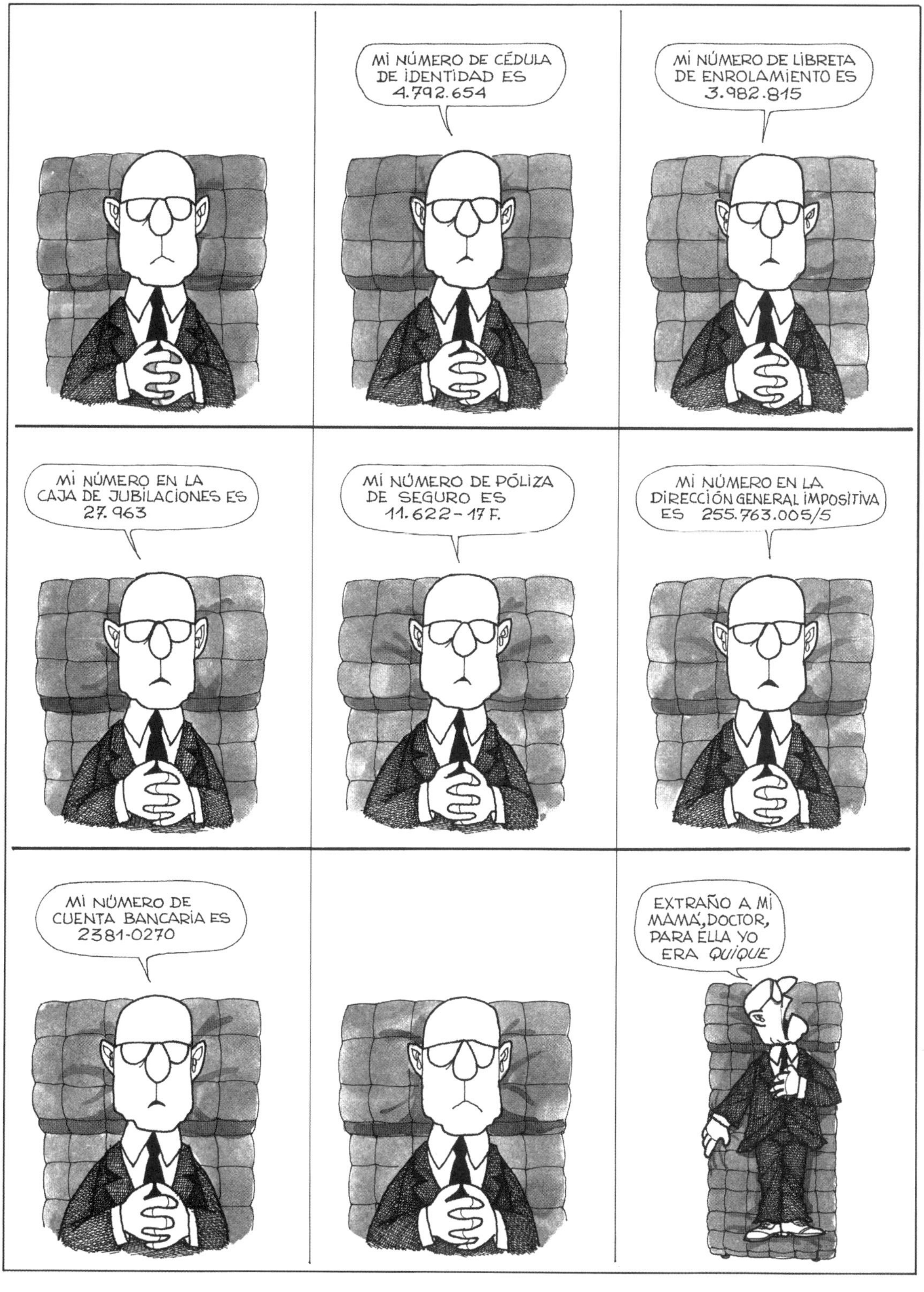
MI NÚMERO DE CÉDULA DE IDENTIDAD ES 4.792.654
MI NÚMERO DE LIBRETA DE ENROLAMIENTO ES 3.982.815
MI NÚMERO EN LA CAJA DE JUBILACIONES ES 27.963
MI NÚMERO DE PÓLIZA DE SEGURO ES 11.622 - 17 F.
MI NÚMERO EN LA DIRECCIÓN GENERAL IMPOSITIVA ES 255.763.005/5
MI NÚMERO DE CUENTA BANCARIA ES 2381-0270
EXTRAÑO A MI MAMÁ, DOCTOR, PARA ELLA YO ERA *QUIQUE*

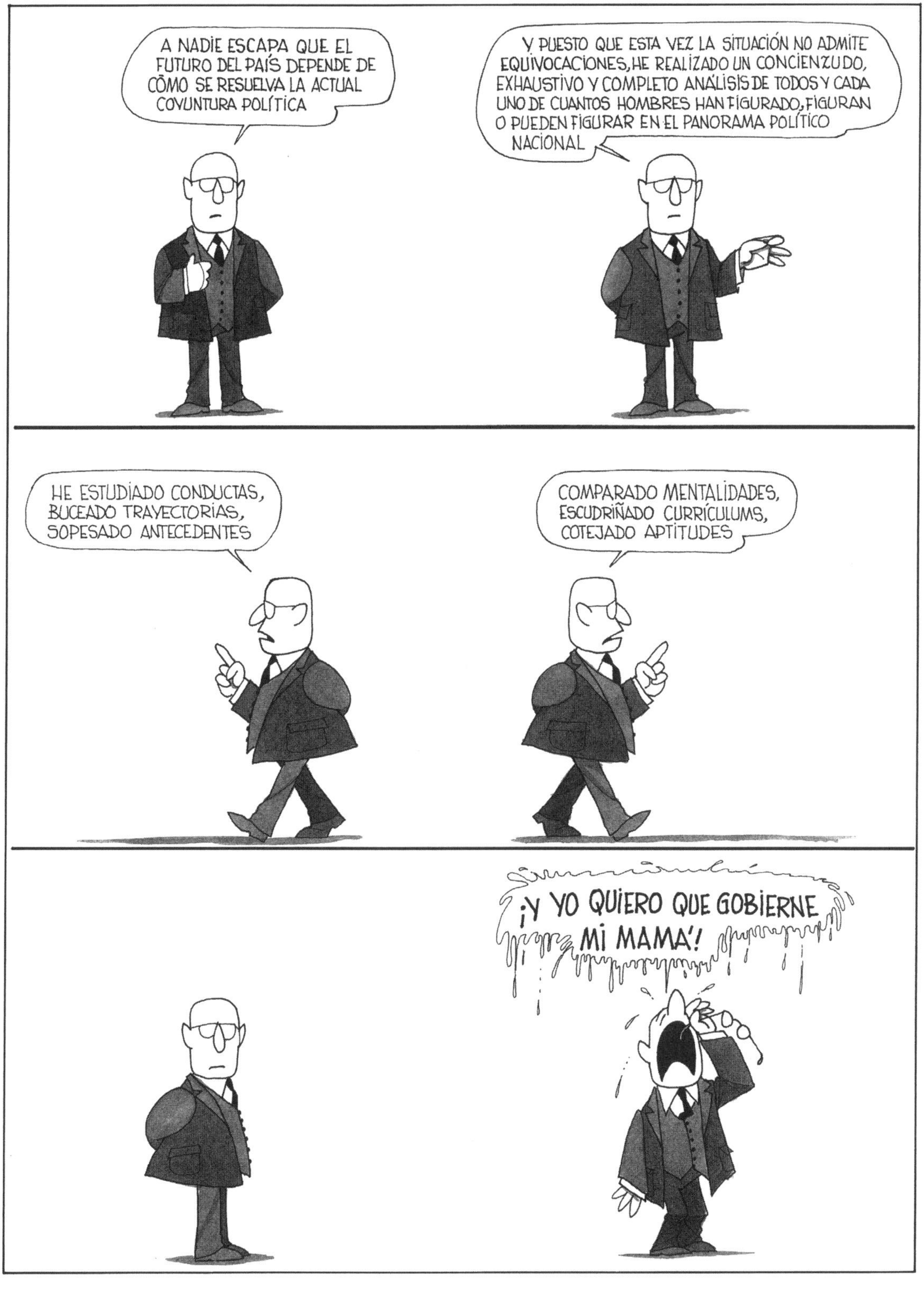
A NADIE ESCAPA QUE EL FUTURO DEL PAÍS DEPENDE DE CÓMO SE RESUELVA LA ACTUAL COYUNTURA POLÍTICA
Y PUESTO QUE ESTA VEZ LA SITUACIÓN NO ADMITE EQUIVOCACIONES, HE REALIZADO UN CONCIENZUDO, EXHAUSTIVO Y COMPLETO ANÁLISIS DE TODOS Y CADA UNO DE CUANTOS HOMBRES HAN FIGURADO, FIGURAN O PUEDEN FIGURAR EN EL PANORAMA POLÍTICO NACIONAL
HE ESTUDIADO CONDUCTAS, BUCEADO TRAYECTORIAS, SOPESADO ANTECEDENTES
COMPARADO MENTALIDADES, ESCUDRIÑADO CURRÍCULUMS, COTEJADO APTITUDES
¡Y YO QUIERO QUE GOBIERNE MI MAMÁ!

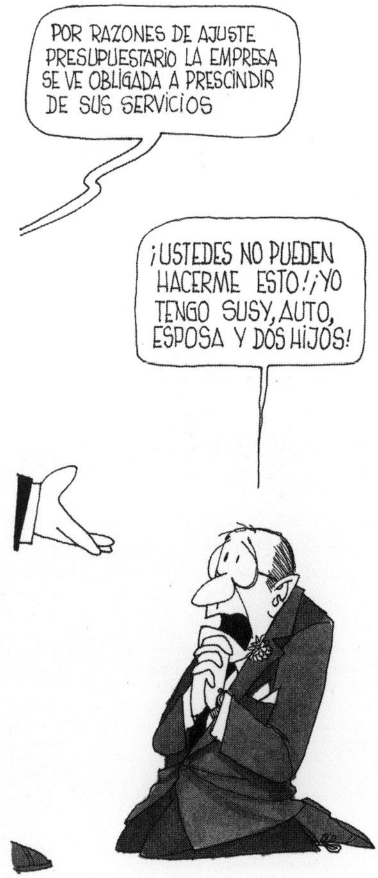
POR RAZONES DE AJUSTE PRESUPUESTARIO LA EMPRESA SE VE OBLIGADA A PRESCINDIR DE SUS SERVICIOS
¡USTEDES NO PUEDEN HACERME ESTO! ¡YO TENGO SUSY, AUTO, ESPOSA Y DOS HIJOS!

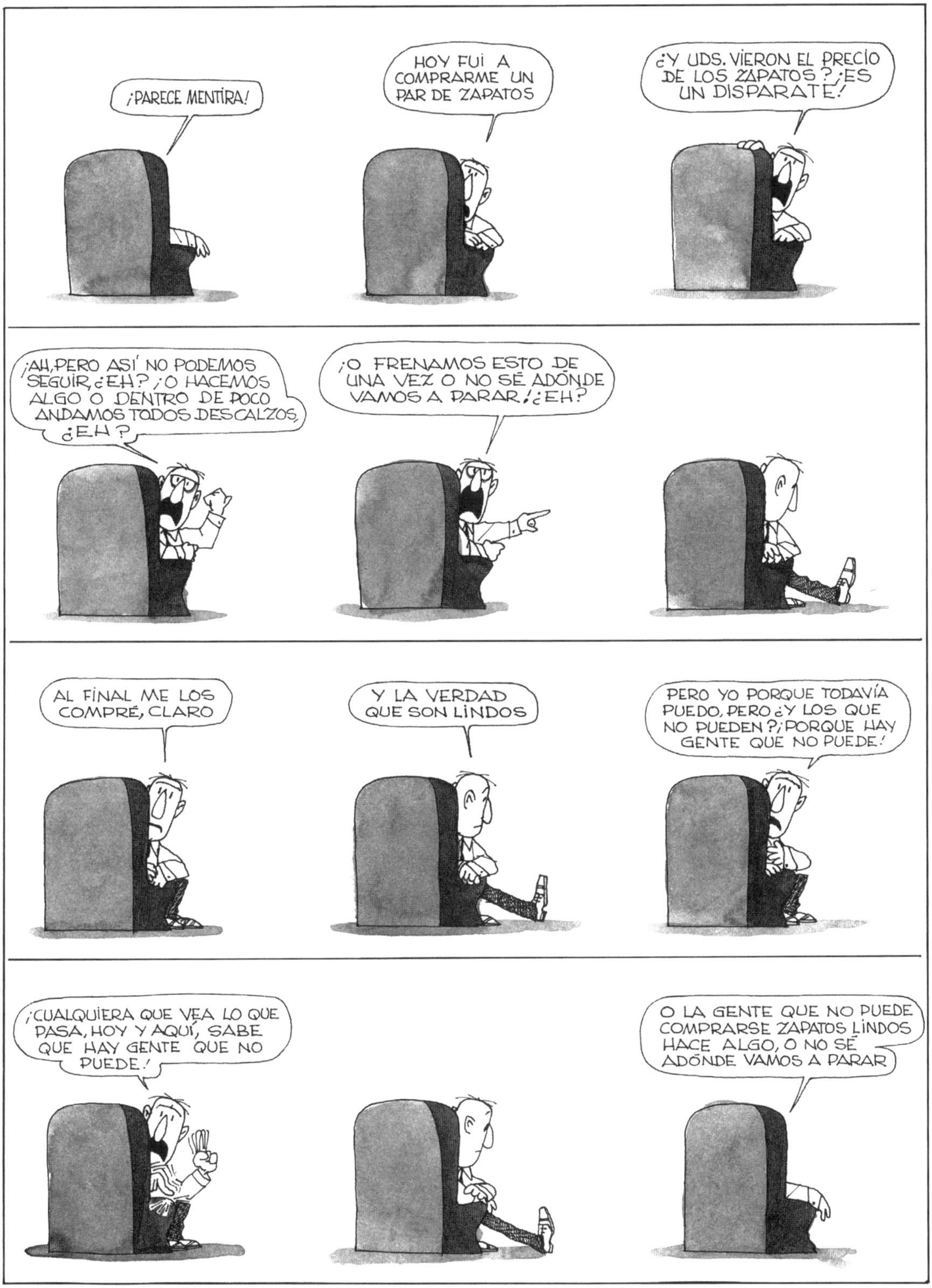
¡PARECE MENTIRA!
HOY FUI A COMPRARME UN PAR DE ZAPATOS
¿Y UDS. VIERON EL PRECIO DE LOS ZAPATOS? ¡ES UN DISPARATE!
¡AH, PERO ASÍ NO PODEMOS SEGUIR, ¿EH? ¡O HACEMOS ALGO O DENTRO DE POCO ANDAMOS TODOS DESCALZOS, ¿EH?
¡O FRENAMOS ESTO DE UNA VEZ O NO SÉ ADÓNDE VAMOS A PARAR! ¿EH?
AL FINAL ME LOS COMPRÉ, CLARO
Y LA VERDAD QUE SON LINDOS
PERO YO PORQUE TODAVÍA PUEDO, PERO ¿Y LOS QUE NO PUEDEN? ¡PORQUE HAY GENTE QUE NO PUEDE!
¡CUALQUIERA QUE VEA LO QUE PASA, HOY Y AQUÍ, SABE QUE HAY GENTE QUE NO PUEDE!
O LA GENTE QUE NO PUEDE COMPRARSE ZAPATOS LINDOS HACE ALGO, O NO SÉ ADÓNDE VAMOS A PARAR

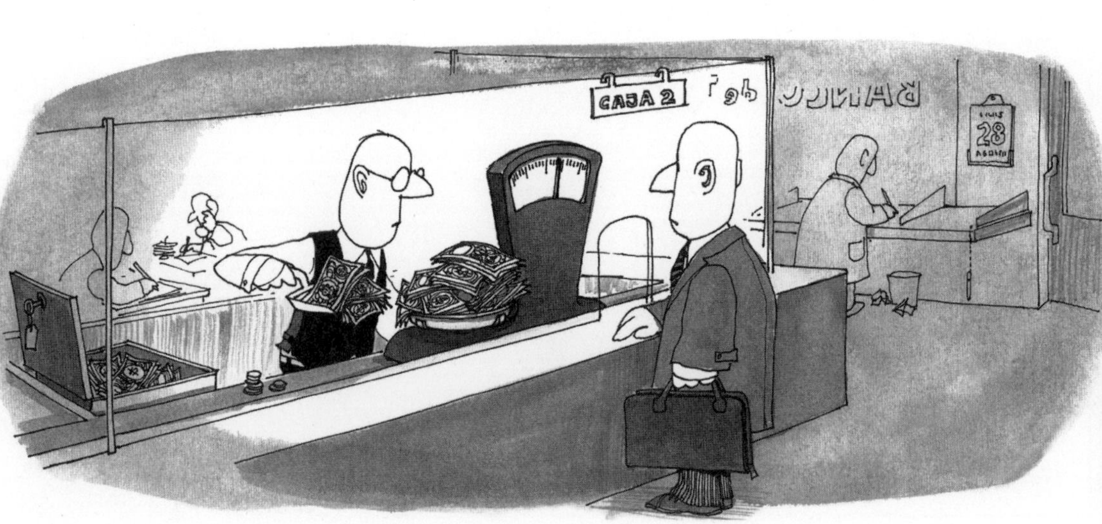
CAJA 2

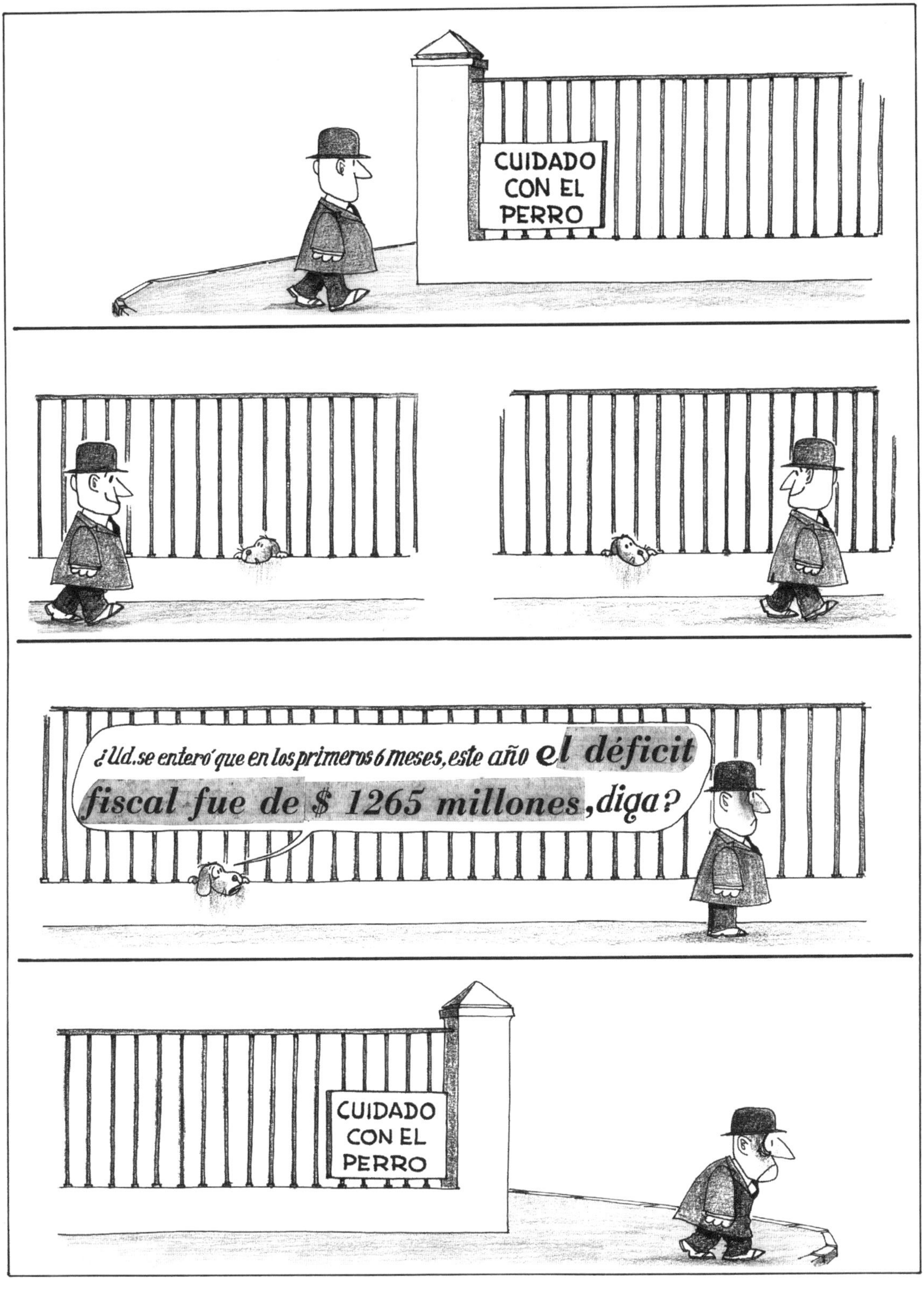
CUIDADO CON EL PERRO
¿Ud. se enteró que en los primeros 6 meses, este año el déficit fiscal fue de $ 1265 millones, diga?
CUIDADO CON EL PERRO

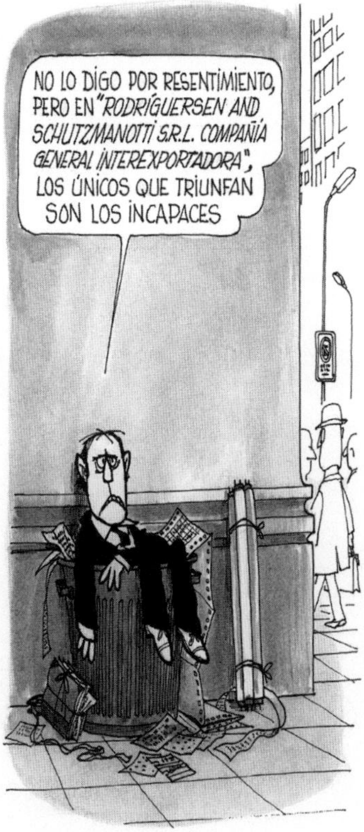
NO LO DIGO POR RESENTIMIENTO, PERO EN "RODRÍGUERSEN AND SCHUTZMANOTTI S.R.L. COMPAÑÍA GENERAL INTEREXPORTADORA", LOS ÚNICOS QUE TRIUNFAN SON LOS INCAPACES

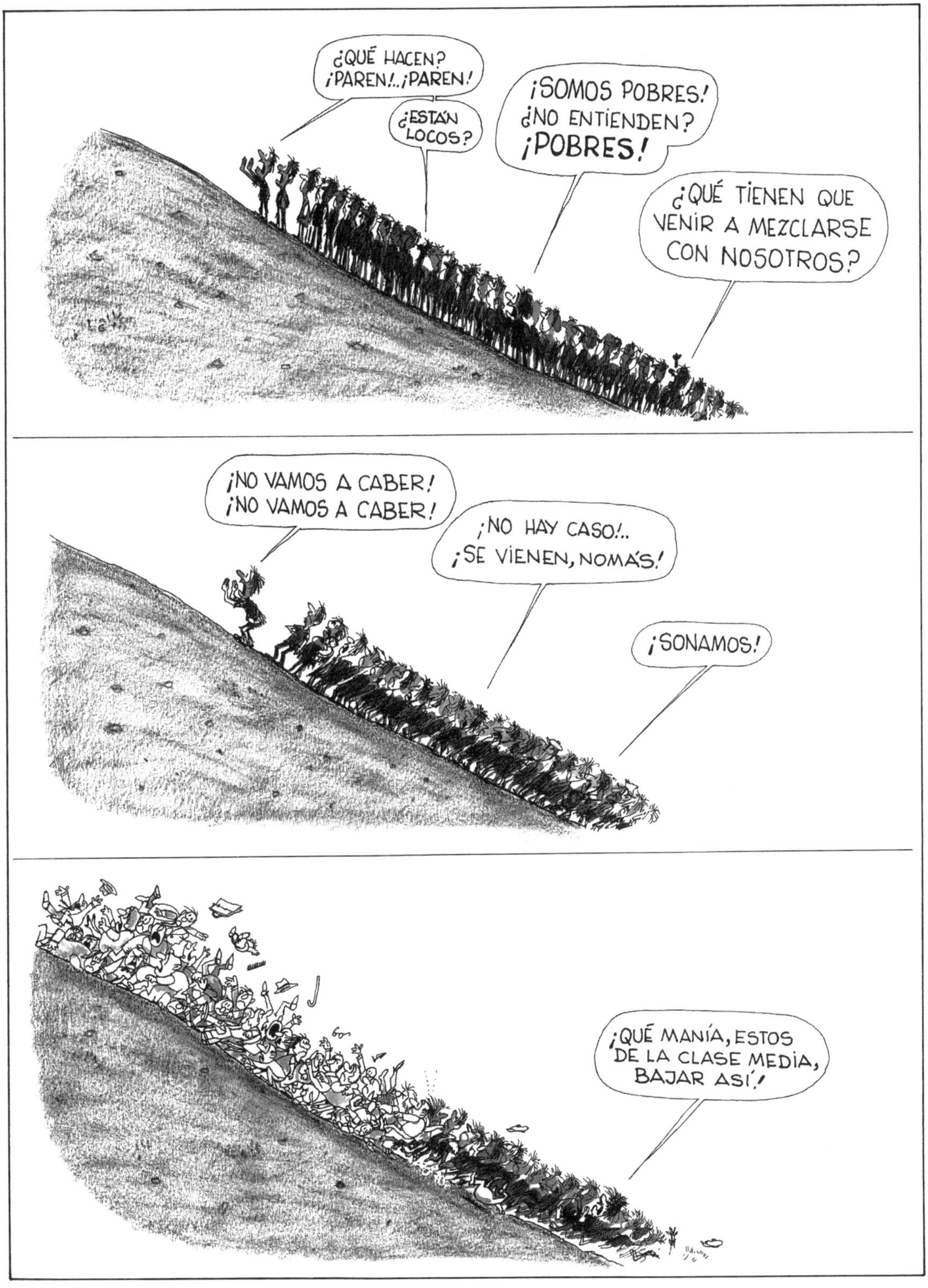
¿QUÉ HACEN? ¡PAREN!.. ¡PAREN!
¿ESTÁN LOCOS?
¡SOMOS POBRES! ¿NO ENTIENDEN? ¡POBRES!
¿QUÉ TIENEN QUE VENIR A MEZCLARSE CON NOSOTROS?
¡NO VAMOS A CABER! ¡NO VAMOS A CABER!
¡NO HAY CASO!.. ¡SE VIENEN, NOMÁS!
¡SONAMOS!
¡QUÉ MANÍA, ESTOS DE LA CLASE MEDIA, BAJAR ASÍ!

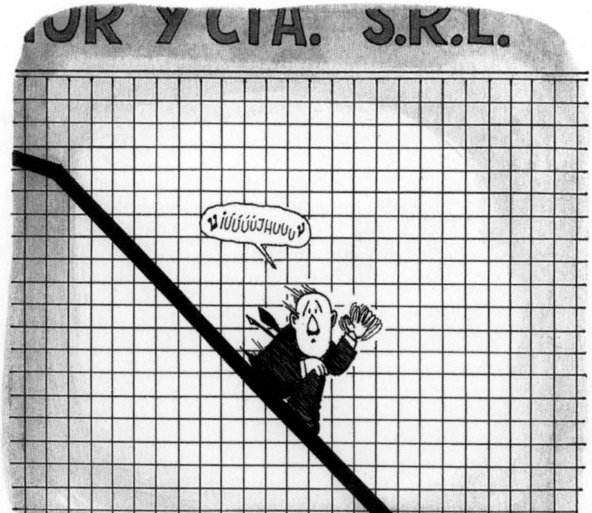
OR Y CIA. S.R.L.
¡ÚÚÚÚJHUUUU

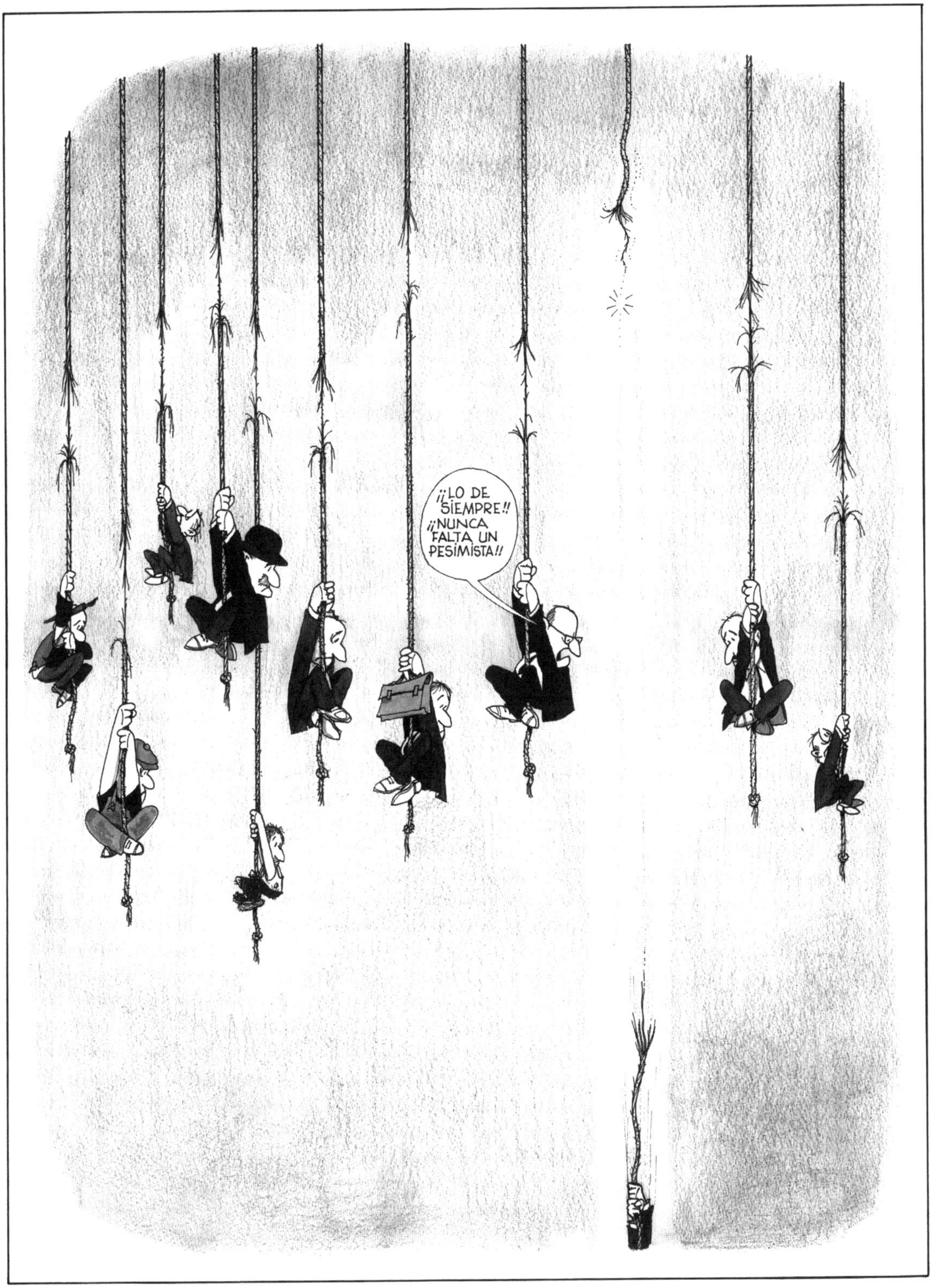
¡¡LO DE SIEMPRE!! ¡¡NUNCA FALTA UN PESIMISTA!!

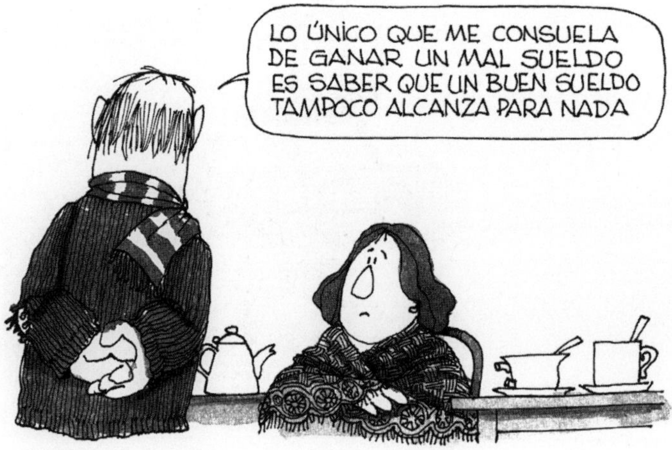
LO ÚNICO QUE ME CONSUELA DE GANAR UN MAL SUELDO ES SABER QUE UN BUEN SUELDO TAMPOCO ALCANZA PARA NADA

TRABAJANDO DURO, LUCHANDO, AHORRANDO POCO A POCO.....

...PAGANDO CUOTAS DURANTE TODA MI VIDA, LOGRÉ REUNIR CON SACRIFICIO Y ESFUERZO...

....LO QUE HOY TENGO, O SEA LO ELEMENTAL PARA SENTIR QUE POR FIN VIVO COMO.....

....UN SER HUMANO

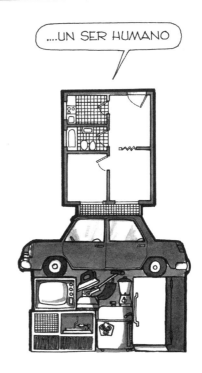

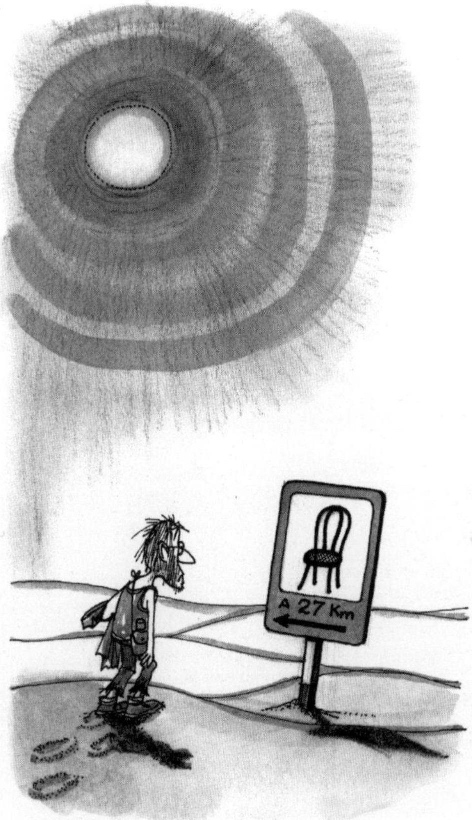
A 27 Km

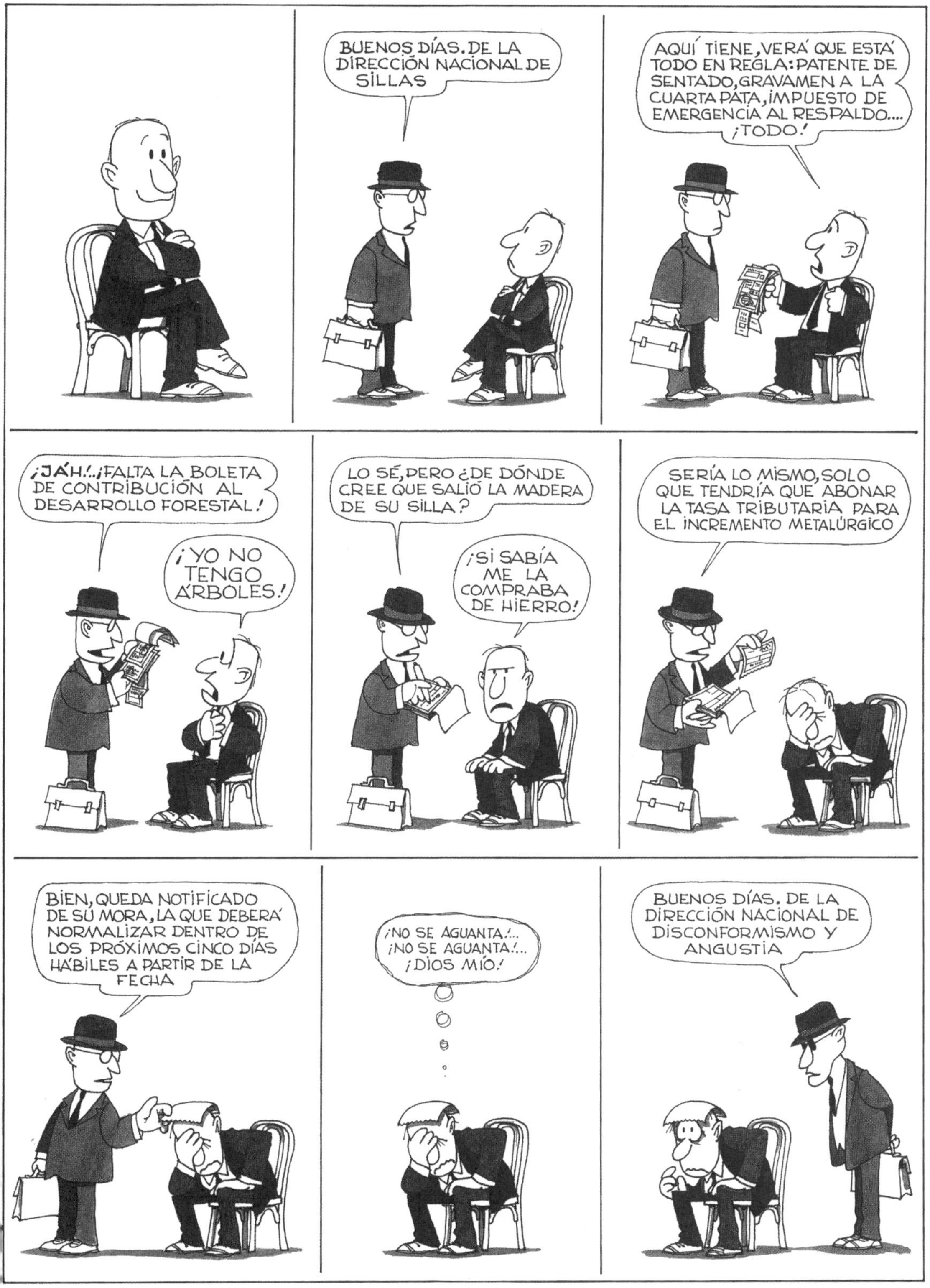
BUENOS DÍAS. DE LA DIRECCIÓN NACIONAL DE SILLAS
AQUÍ TIENE, VERÁ QUE ESTÁ TODO EN REGLA: PATENTE DE SENTADO, GRAVAMEN A LA CUARTA PATA, IMPUESTO DE EMERGENCIA AL RESPALDO.... ¡TODO!
¡JÁH!..¡FALTA LA BOLETA DE CONTRIBUCIÓN AL DESARROLLO FORESTAL!
¡YO NO TENGO ÁRBOLES!
LO SÉ, PERO ¿DE DÓNDE CREE QUE SALIÓ LA MADERA DE SU SILLA?
¡SI SABÍA ME LA COMPRABA DE HIERRO!
SERÍA LO MISMO, SOLO QUE TENDRÍA QUE ABONAR LA TASA TRIBUTARIA PARA EL INCREMENTO METALÚRGICO
BIEN, QUEDA NOTIFICADO DE SU MORA, LA QUE DEBERÁ NORMALIZAR DENTRO DE LOS PRÓXIMOS CINCO DÍAS HÁBILES A PARTIR DE LA FECHA
¡NO SE AGUANTA!... ¡NO SE AGUANTA!... ¡DIOS MÍO!
BUENOS DÍAS. DE LA DIRECCIÓN NACIONAL DE DISCONFORMISMO Y ANGUSTIA

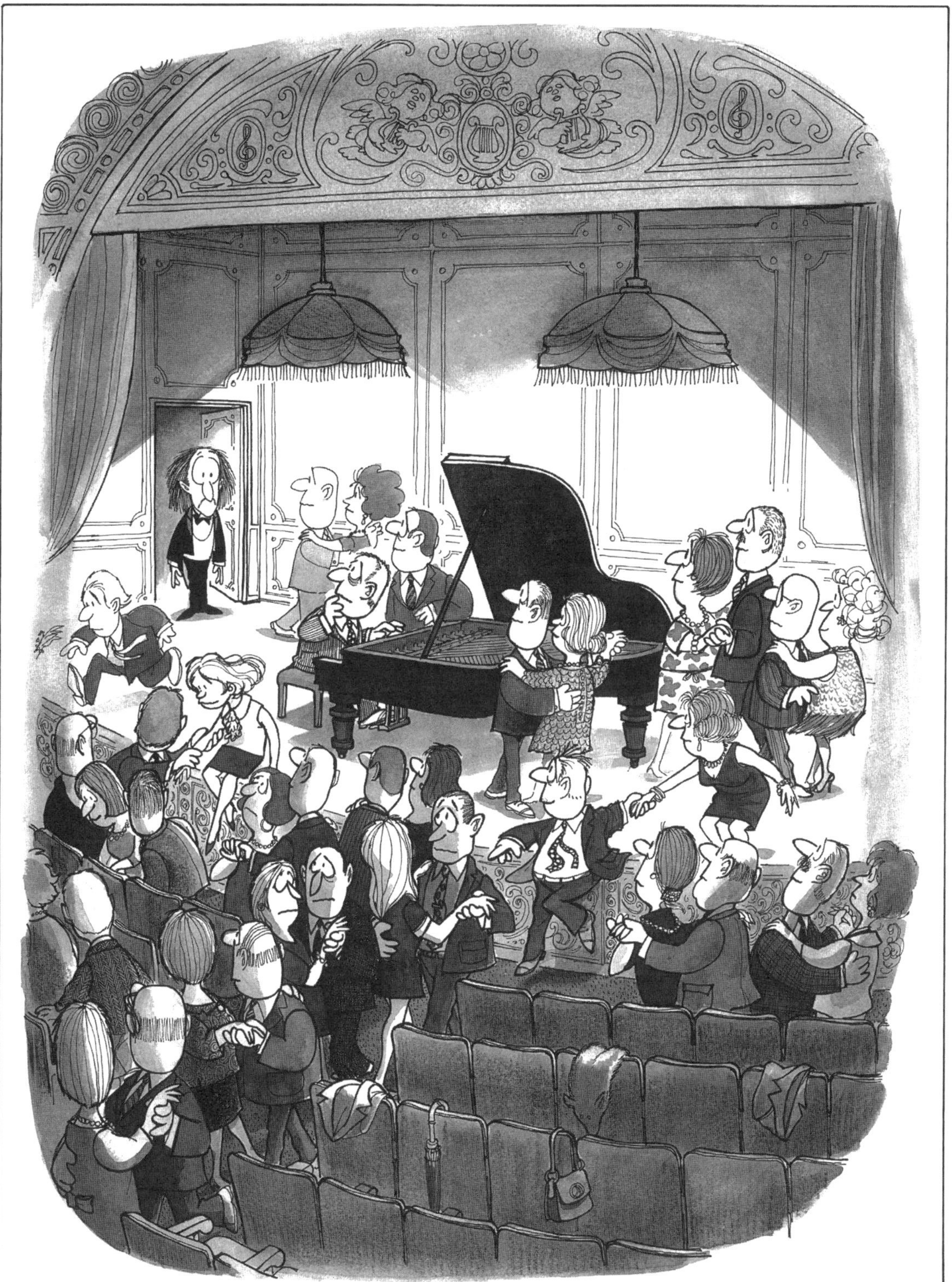

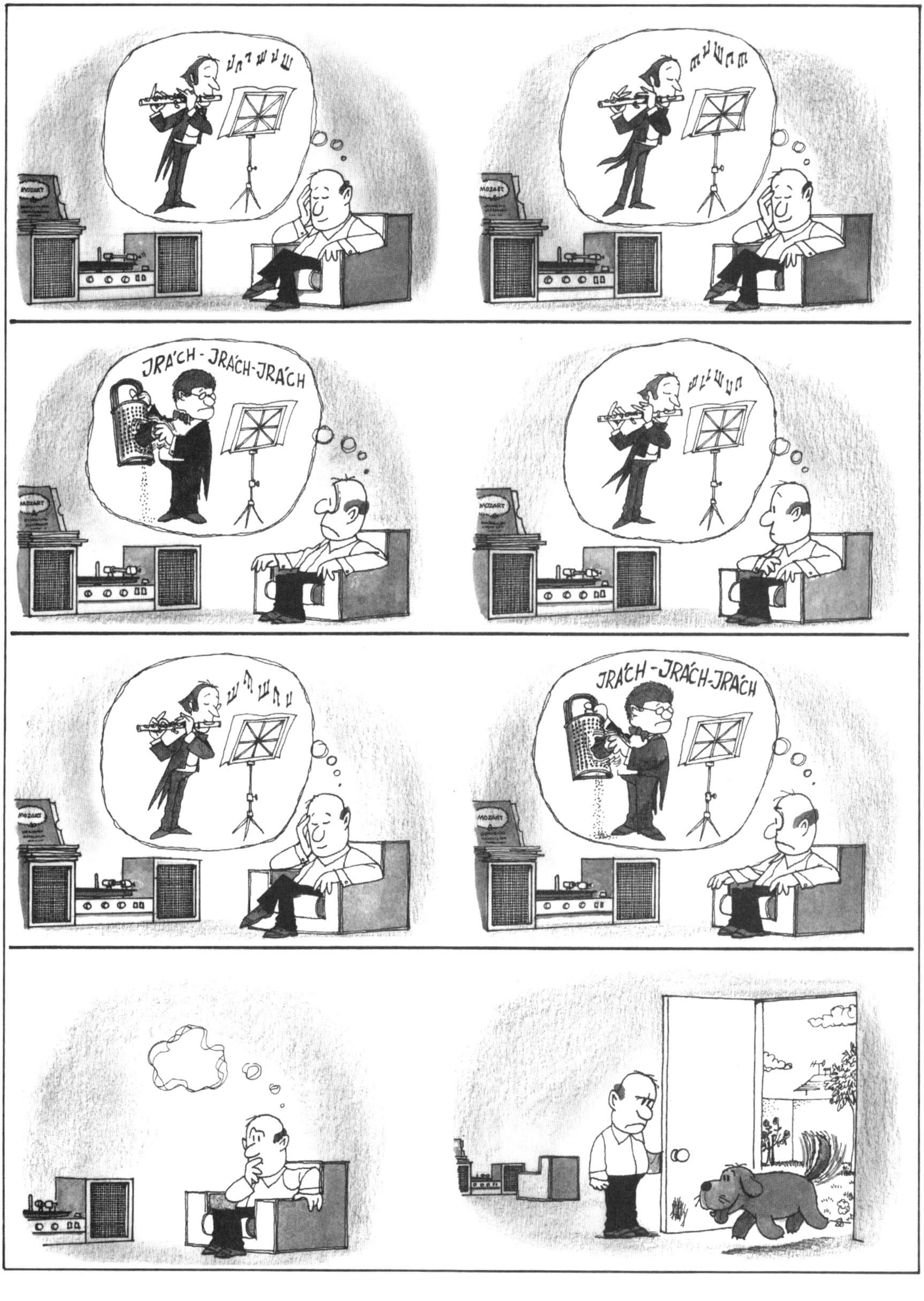
JRA'CH - JRA'CH-JRA'CH
JRA'CH - JRA'CH-JRA'CH

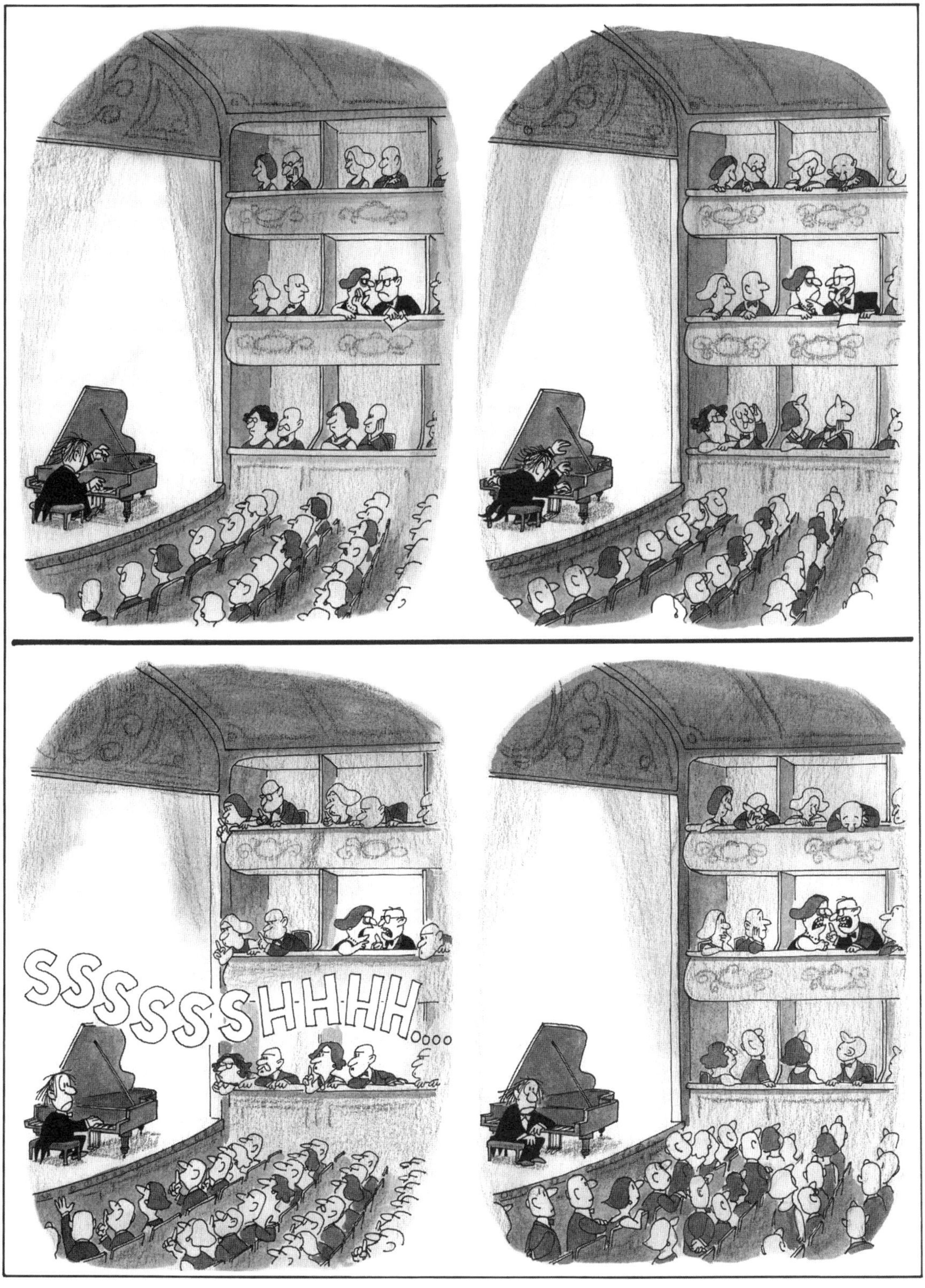
SSSSSSHHHH....

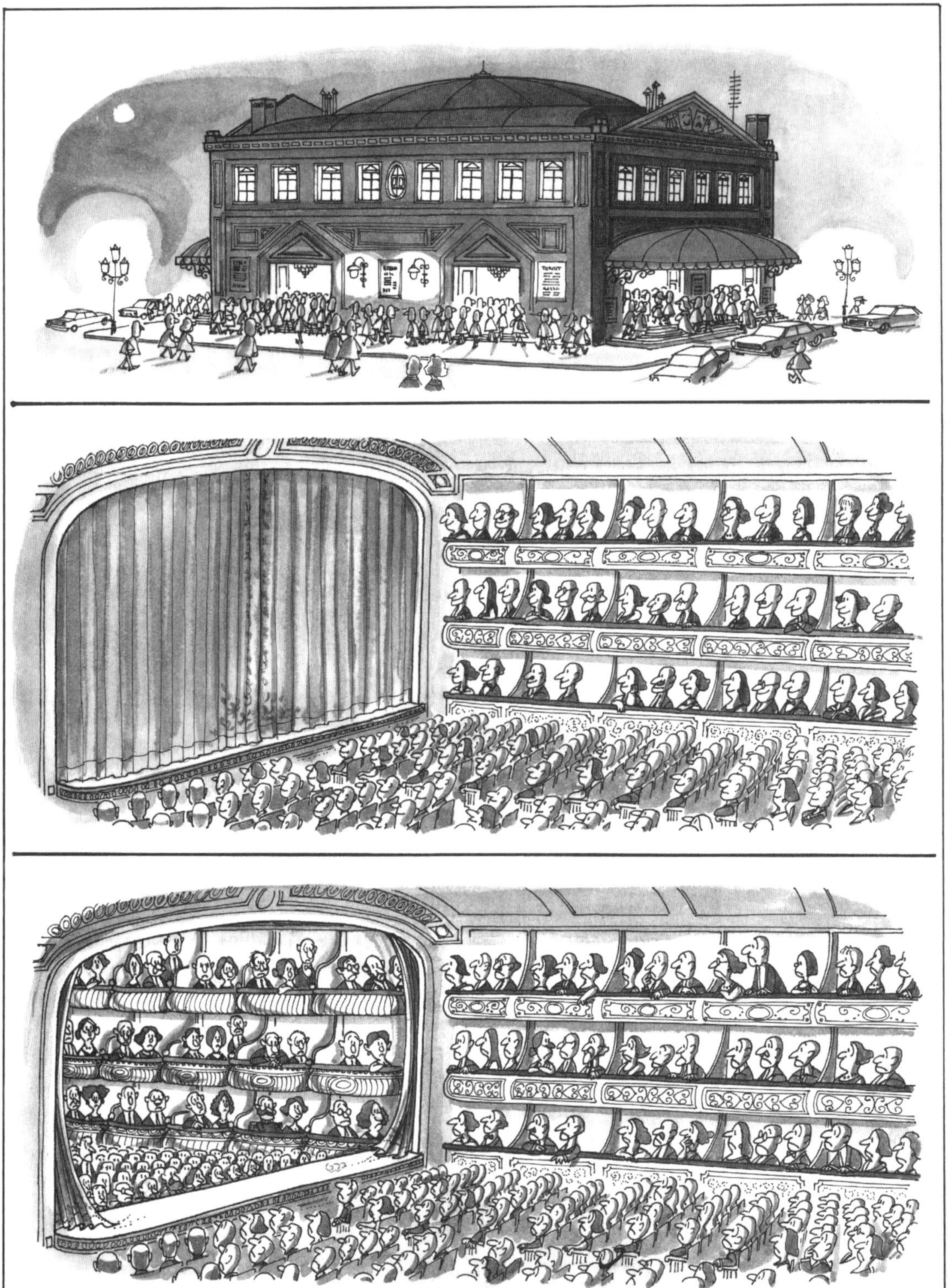

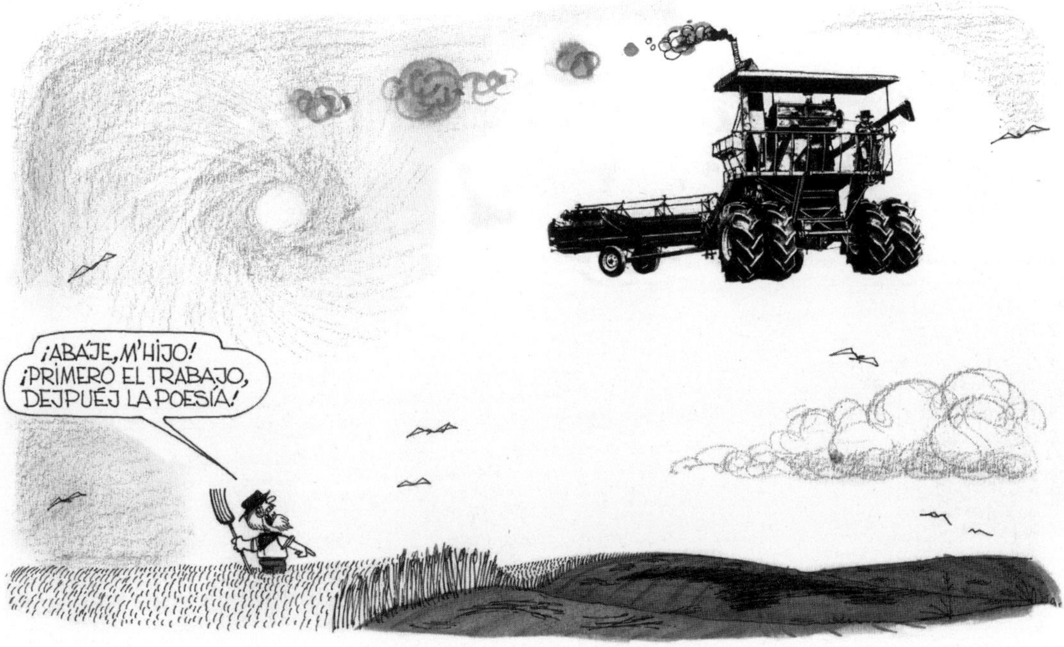
¡ABÁJE, M'HIJO! ¡PRIMERO EL TRABAJO, DEJPUÉJ LA POESÍA!

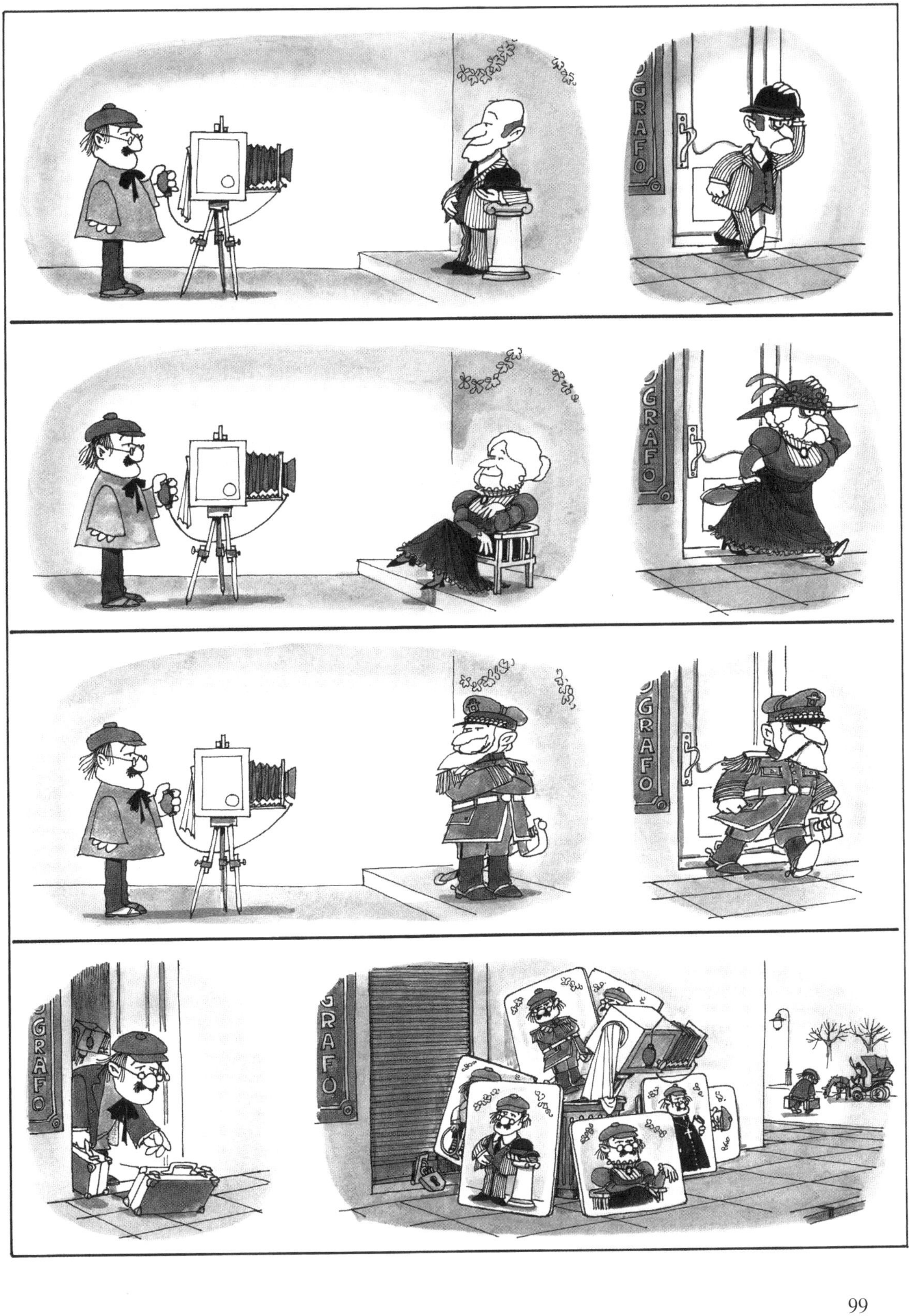
GRAFO

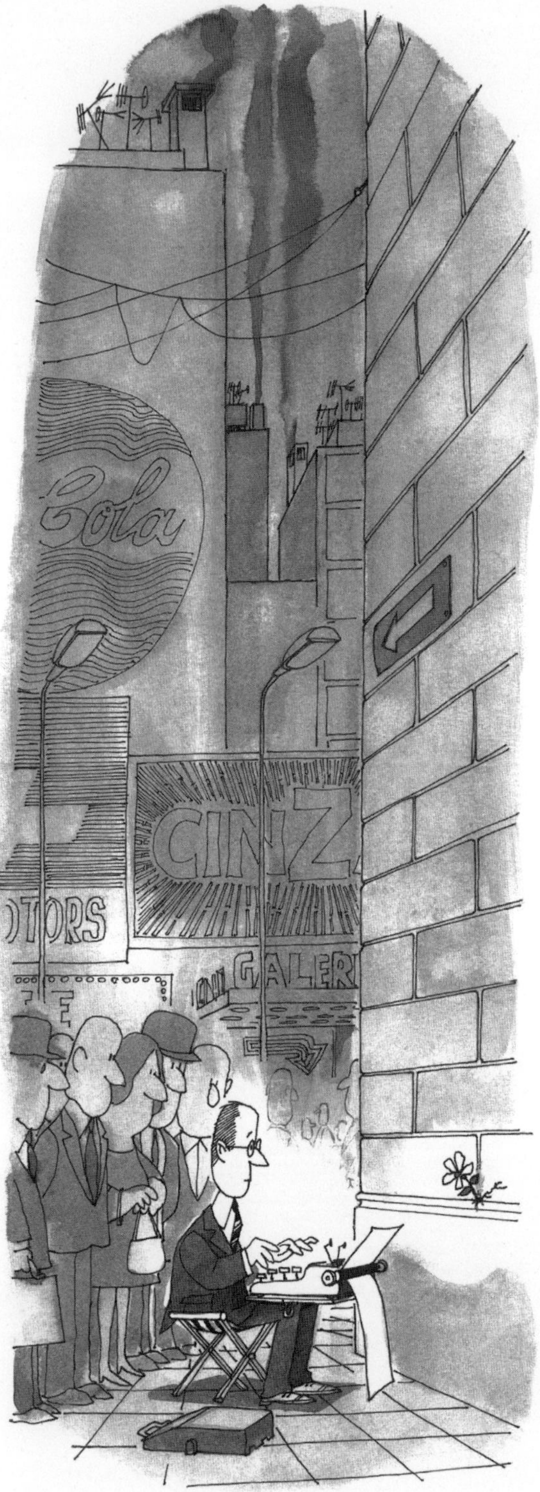
Cola
CINZ
OTORS
GALERI

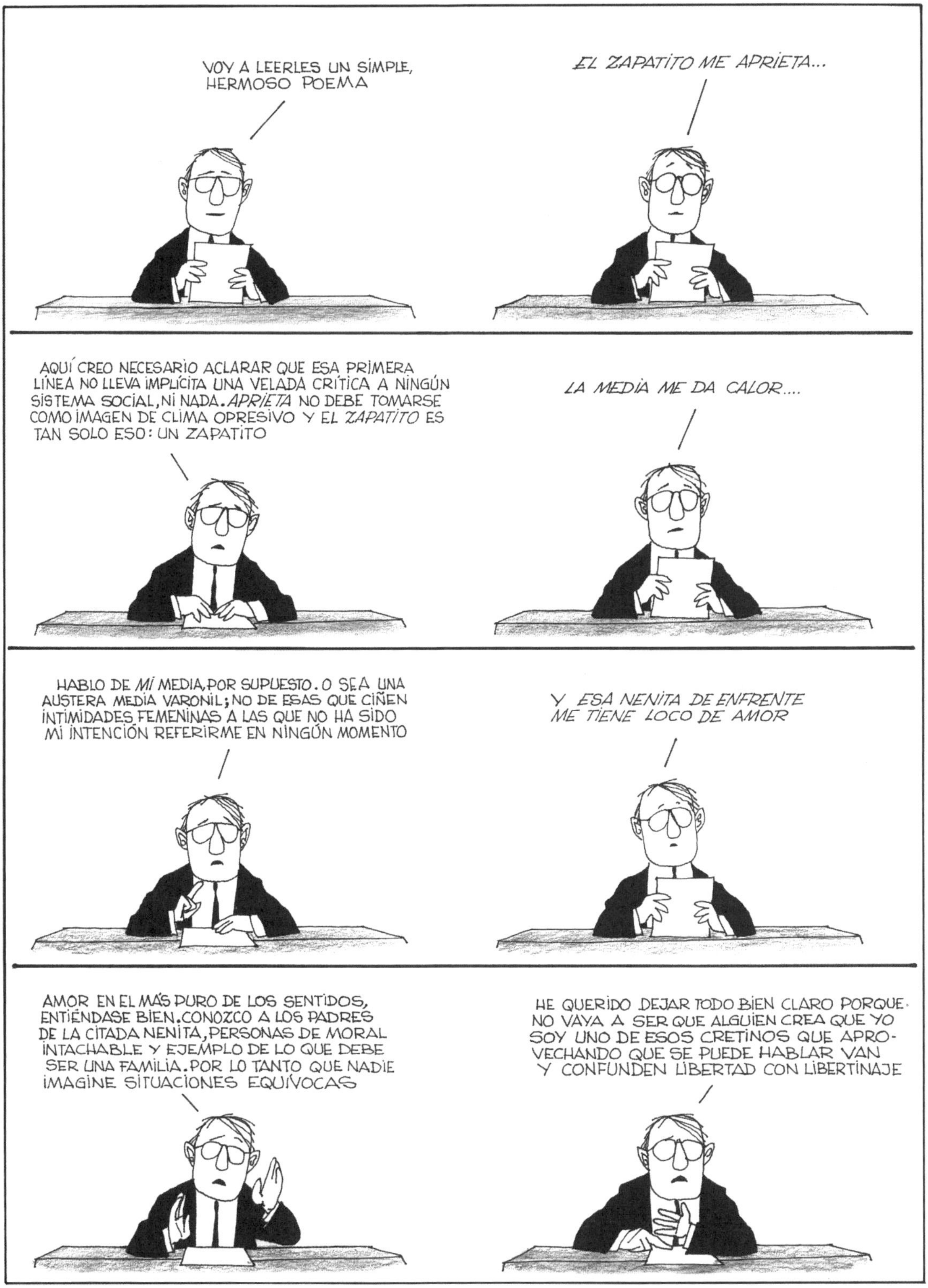
VOY A LEERLES UN SIMPLE, HERMOSO POEMA
EL ZAPATITO ME APRIETA...
AQUÍ CREO NECESARIO ACLARAR QUE ESA PRIMERA LÍNEA NO LLEVA IMPLÍCITA UNA VELADA CRÍTICA A NINGÚN SISTEMA SOCIAL, NI NADA. *APRIETA* NO DEBE TOMARSE COMO IMAGEN DE CLIMA OPRESIVO Y EL *ZAPATITO* ES TAN SOLO ESO: UN ZAPATITO
LA MEDIA ME DA CALOR....
HABLO DE *MI* MEDIA, POR SUPUESTO. O SEA UNA AUSTERA MEDIA VARONIL; NO DE ESAS QUE CIÑEN INTIMIDADES FEMENINAS A LAS QUE NO HA SIDO MI INTENCIÓN REFERIRME EN NINGÚN MOMENTO
Y ESA NENITA DE ENFRENTE ME TIENE LOCO DE AMOR
AMOR EN EL MÁS PURO DE LOS SENTIDOS, ENTIÉNDASE BIEN. CONOZCO A LOS PADRES DE LA CITADA NENITA, PERSONAS DE MORAL INTACHABLE Y EJEMPLO DE LO QUE DEBE SER UNA FAMILIA. POR LO TANTO QUE NADIE IMAGINE SITUACIONES EQUÍVOCAS
HE QUERIDO DEJAR TODO BIEN CLARO PORQUE NO VAYA A SER QUE ALGUIEN CREA QUE YO SOY UNO DE ESOS CRETINOS QUE APROVECHANDO QUE SE PUEDE HABLAR VAN Y CONFUNDEN LIBERTAD CON LIBERTINAJE

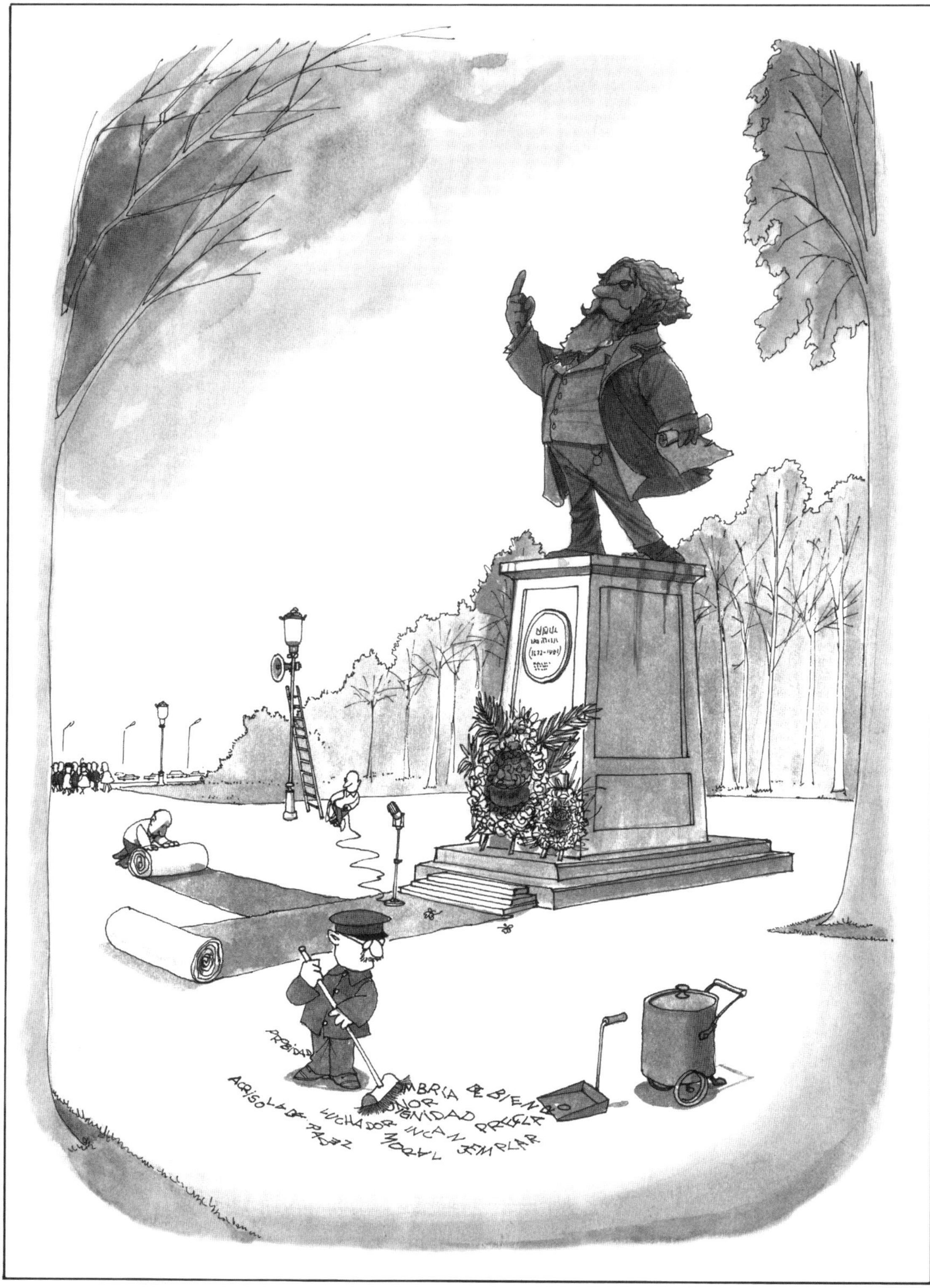
PROBIDAD
MBRÍA DE BIEN
NOR
IGNIDAD
PRECLA
LUCHADOR INCAN
MORAL
JEMPLAR
ACRISOLADA

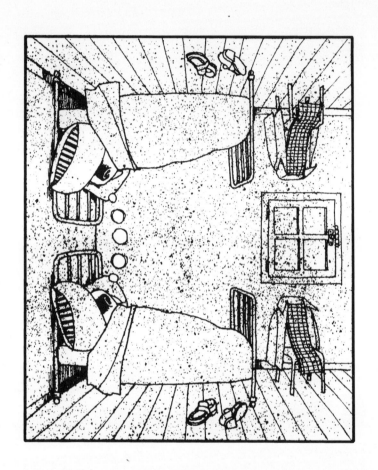

Joaquín Lavado nació el 17 de julio de 1932 en Mendoza (Argentina) en el seno de una familia de emigrantes andaluces. Descubrió su vocación como dibujante a los tres años. Por esas fechas ya lo empezaron a llamar **Quino**. En 1954 publica su primera página de chistes en el semanario bonaerense *Esto Es*. En 1964, su personaje Mafalda comienza a aparecer con regularidad en el semanario *Primera Plana*. El éxito de sus historietas le brinda la oportunidad de publicar en el diario nacional *El Mundo* y será el detonante del boom editorial que se extenderá por todos los países de lengua castellana. Tras la desaparición de *El Mundo* y un año de ausencia, Mafalda regresa a la prensa en 1968 gracias al semanario *Siete Días* y en 1970 llega a España de la mano de Esther Tusquets y de la editorial Lumen. En 1973, Mafalda y sus amigos se despiden para siempre de sus lectores. Lumen ha publicado los once tomos recopilatorios de viñetas de *Mafalda*, numerados de 0 a 10, y también en un único volumen —*Mafalda. Todas las tiras* (2011)—, así como las viñetas que permanecían inéditas y que integran junto con el resto el libro *Todo Mafalda*, publicado con ocasión del cincuenta aniversario del personaje. En 2018 vio la luz la recopilación en torno al feminismo *Mafalda. Femenino singular*; en 2019, *Mafalda. En esta familia no hay jefes*; en 2020*, El amor según Mafalda*; en 2021, *La filosofía de Mafalda* y en 2022, *Mafalda presidenta*. También han aparecido en Lumen dieciocho libros de viñetas humorísticas del dibujante, entre los que destacan *Mundo Quino* (2008), *Quinoterapia* (2008), *Simplemente Quino* (2016), el tomo recopilatorio *Esto no es todo* (2008) y el volumen póstumo *Quino inédito* (2023).

Quino ha logrado tener una gran repercusión en todo el mundo, se han instalado esculturas de Mafalda en Buenos Aires, Oviedo y Mendoza, sus libros han sido traducidos a más de veinte lenguas y dialectos (los más recientes son el armenio, el búlgaro, el hebreo, el polaco y el guaraní), y ha sido galardonado con premios tan prestigiosos como el Príncipe de Asturias de Comunicación y Humanidades y el B'nai B'rith de Derechos Humanos. Quino murió en Mendoza el 30 de septiembre de 2020.

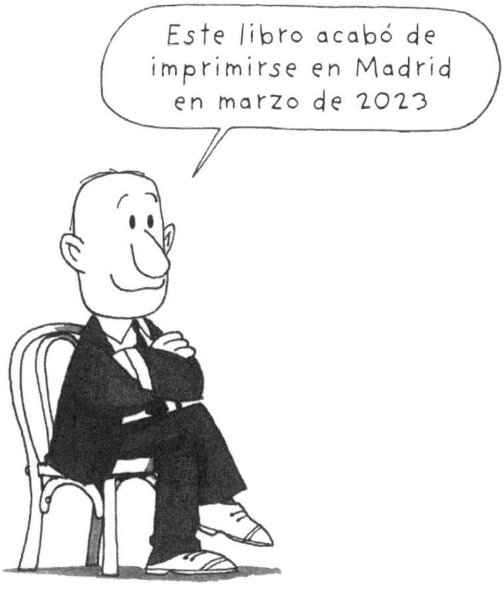
Este libro acabó de imprimirse en Madrid en marzo de 2023